»Bewegend, berührend, würdevoll!« WIENER ZEITUNG

Nur mühsam kehrte der Alltag nach Ende des Zweiten Weltkriegs wieder zurück: Die Menschen lebten inmitten einer Trümmerlandschaft, sie hungerten, viele hatten kein Dach über dem Kopf. Dass der Wiederaufbau so schnell vorankam, lag maßgeblich an den Frauen, die – auf sich allein gestellt – Mittel und Wege finden mussten, sich und ihre Familien zu ernähren. Sie räumten Schutt und Trümmer weg und verhandelten mit den Besatzern, sie entfalteten erste politische Aktivitäten und organisierten das neu erblühende kulturelle Leben.

In diesem Buch kommen die starken Frauen der Stunde null noch einmal selbst zu Wort. Sie erzählen von den großen Mühen, erinnern sich aber auch an das Glück des Überlebens, an den Mut und den Zusammenhalt der Frauen und an die Freude, die langsam wieder zurückkehrte.

Antonia Meiners, geboren in Bamberg und aufgewachsen in Berlin, studierte in Ostberlin Kulturwissenschaften, nach ihrem Wechsel 1977 nach Westberlin Germanistik und Theaterwissenschaft. Sie arbeitet als freie Lektorin für Buchverlage und veröffentlichte zahlreiche Bücher, u. a. im Elisabeth Sandmann Verlag. 2013 erschien der von ihr und Claudia Lanfranconi verfasste Band *Kluge Geschäftsfrauen* im insel taschenbuch.

insel taschenbuch 4340
Antonia Meiners
Wir haben wieder aufgebaut

Der 2011 im Elisabeth Sandmann Verlag erschienene Originalband
wurde für die Taschenbuchausgabe gekürzt.

Erste Auflage 2014
insel taschenbuch 4340
Insel Verlag Berlin 2014

© 2011, Elisabeth Sandmann Verlag GmbH, München

Vertrieb durch den Suhrkamp Taschenbuch Verlag

Umschlag, Innenseiten und Satz:
Pauline Schimmelpenninck Büro für Gestaltung, Berlin
Umschlagfotos: *Archiv für Kunst und Geschichte, Berlin; Interfoto, München*
Druck: *CPI – Ebner & Spiegel, Ulm*
Printed in Germany   ISBN 978-3-458-36040-7

Antonia Meiners

Wir haben wieder aufgebaut

Frauen der Stunde null erzählen

Mit Beiträgen von
Christine Razum, Elfriede Brüning,
Hella Maron, Hildegard Hamm-Brücher
u. v. a.

Insel Verlag

Inhalt

Frauen
der Stunde null
erzählen

Es war früh am Morgen, als wir in Berlin einfuhren. Ich sah hoch zu meiner Mutter. Sie stand in dem D-Zugabteil und schaute aus dem Fenster. Sie schnäuzte sich, Tränen liefen über ihr Gesicht. Ich blickte hinaus. Nichts als Trümmer. Ich war sechs Jahre alt und verstand nicht, warum meine Mutter weinte. Sah nichts Besonderes da draußen. Trümmer kannte ich aus München, wo wir herkamen. Trümmer waren normal für mich. Man schrieb das Jahr 1949. Sechs Jahre zuvor hatte meine Mutter, schwanger mit mir, Berlin wegen der Bombenangriffe verlassen und kam nun zurück in eine Stadt, die sie kaum wiedererkannte.

Meine Mutter gehört zu jener Frauengeneration, die in diesem Buch zu Wort kommt. Eine Generation, die an Hunger und Entbehrung gewöhnt war, die den Ersten Weltkrieg erlebt hatte, die Inflation und die Weltwirtschaftskrise, deren Leid aber im Bombenhagel des Zweiten Weltkriegs und während der humanen Katastrophe der ersten Nachkriegsjahre ein unvorstellbares Maß erreichte. Dieser Generation von Frauen ist dieses Buch gewidmet. Es ist eine Generation, die es in wenigen Jahren nicht mehr geben wird. Das Schicksal, das Großmütter, Mütter, Tanten, Nachbarinnen, Mädchen und kleine Kinder erlebt haben, ist noch lange nicht zu Ende erzählt, weil sich immer aufs Neue erschütternde Erkenntnisse offenbaren.

Der von Hitlerdeutschland entfesselte Terror des Zweiten Weltkriegs hatte insgesamt 50 Millionen Tote gefordert und über ganz Europa Tod und Zerstörung gebracht. Die Folgen, die sich hieraus auch für die Deutschen und Österreicher ergaben, führten bei Millionen von ihnen zum Verlust der Heimat und ihrer letzten Habe. Auf der Potsdamer Konferenz beschlossen die vier Siegermächte USA, Sowjetunion, Großbritannien und Frankreich die Aufteilung Deutschlands in vier Besatzungszonen, und die Alliierten übernahmen die Regierungsmacht. Auf die Gebiete östlich der Oder-Neiße-Grenze musste Deutschland verzichten, alle dort noch lebenden etwa 10 Millionen Deutsche wurden ausgewiesen.

Deutschland lag in Schutt und Asche, fast die Hälfte des gesamten Wohnraums war zerstört. Es gab kein Brot, kein Wasser, kein Gas, keinen elektrischen Strom. Die Menschen hungerten und froren. 3,6 Millionen Menschen aus der Zivilbevölkerung waren während des Krieges umgekommen, 3,3 Millionen Soldaten gefallen, etwa 11 Millionen Soldaten befanden sich in Gefangenschaft. Unzählige Frauen waren auf sich allein gestellt, für die größenwahnsinnige Politik des nur zwölf Jahre dauernden »Tausendjährigen Reiches« mussten auch sie die Rechnung zahlen. Es waren vor allem die Frauen, die nun das Land wieder aufbauten.

Die Entbehrungen der Nachkriegszeit schienen meinem nur ein Jahr älteren Bruder und mir wahrscheinlich ebenso normal wie die Trümmer. Allerdings hatten wir das Glück, dass meine Mutter mit uns Kindern 1945 in ein fränkisches Dorf gegangen war. Auf einem Bauernhof arbeitete sie von früh bis spät, und wir bekamen dafür zumindest Brot und Milch. Am Ende dieser Zeit, als mein Vater aus der Kriegsgefangenschaft heimkehrte, erhielt sie als Lohn einen Sack Mehl – eine Kostbarkeit! Zu Hause bei den Schwiegereltern in Bamberg stellte sie allerdings fest, dass der Sack unter einer dünnen Schicht Mehl nichts als Sand enthielt.

Dies gehörte zu den bitteren Anekdoten, die meine Mutter uns später gerne aus der Nachkriegszeit erzählte. Merkwürdigerweise haben wir nie ernsthaft nachgefragt, wollten nicht wissen, wie schwer es für sie war, uns Kinder durchzubringen, wie sie das alles ganz allein geschafft hat. Für uns lag das unendlich weit zurück, es erschien uns wie eine andere Welt. Als ich viel später begann, die Geschichte – auch die meiner Familie – aus den unmittelbar gemachten Erfahrungen kennenzulernen, war es zu spät – denn meine Mutter lebte schon nicht mehr. Geblieben sind ein paar Fotos, aber auf diesen Familienbildern sieht alles überraschend harmlos aus, überhaupt nicht so, als ob rundherum die Welt im Chaos versinke.

Auch die Fotografien, die uns die Zeitzeuginnen für dieses Buch zur Verfügung stellten, vermitteln einen solch unerwarteten Eindruck. Wie vermeintlich hübsch sie alle aussehen! Gar nicht verhärmt und abgekämpft wie die Frauen auf den Flüchtlingstrecks oder inmitten der Ruinen. Die Gespräche mit den Zeitzeuginnen, aber auch viele Dokumente belegen, dass es lange Zeit fast unmöglich war und noch immer schwer ist, an der Oberfläche des Erinnerten zu kratzen. Immer wieder wurden und werden die schrecklichen Erlebnisse in den Schilderungen fast kleingeredet, als sei das, was man erlebt hatte, im wahrsten Sinne gar nicht der Rede wert. Dieses Schweigen erklärt auch, warum erst vor wenigen Jahren ein Buch wie »Anonyma. Eine Frau in Berlin«, das über die systematischen Vergewaltigungen berichtet, von der Öffentlichkeit wahrgenommen wurde. Über die Traumatisierungen, die Frauen erlebt haben – nicht nur durch Vergewaltigungen, sondern durch den Verlust engster Familienmitglieder und Freunde, durch das Mitansehen von Erschießungen, Hungertod, Verhaftungen, durch den Verlust von Heimat, Wohnung und all dessen, was einmal so etwas wie Sicherheit war –, haben die Frauen wenig gesprochen. Ihr Leid war in ihren Vorstellungen oft nicht groß genug, um darüber zu reden. Und die Scham wird ein Übriges dazugetan haben. Die Frauen in diesem Buch sind in wohlbehüteten bürgerlichen Lebensumständen aufgewachsen, auf dem Land oder in Arbeiterfamilien. Und so unterschiedlich ihre Herkunft, so verschieden war auch ihr Schicksal. Es machte eben einen großen Unterschied, ob man in der Stadt gelebt hatte und nurmehr Zerstörung wahrnahm, oder auf dem Land, wo sich die Versorgungssituation nicht selten als passabel bis gut erwies. Dennoch hatten diese Frauen eines gemeinsam: Sie mussten einen neuen Anfang wagen. Aber sie waren jung und glücklich darüber, dass der Krieg endlich zu Ende war. Die Wege, die die Frauen einschlugen, wiesen bald, nicht zuletzt aufgrund der deutsch-deutschen politischen Entwicklungen, in sehr unterschiedliche Richtungen.

Als meine Familie zurück nach Berlin kam, gab es bereits die Bundesrepublik und die DDR, und die Stadt war geteilt. Die drei Westsektoren und der sowjetische Teil standen sich feindlich gegenüber. Zu solch einer folgenschweren Spaltung kam es allerdings nicht in Österreich und Wien, das ebenfalls in vier Besatzungszonen aufgeteilt war und von den Alliierten verwaltet wurde.

Die Verbundenheit der Siegermächte hatte nicht lange gehalten, schon im ersten Nachkriegsjahr wurden die Widersprüche sichtbar. Die Sowjetunion versuchte, ihren politischen Einfluss so weit wie möglich nach Westen auszudehnen und in den osteuropäischen Ländern kommunistische Regierungen zu installieren. In der sowjetisch besetzten Zone wurden die entscheidenden Verwaltungs- und Regierungsämter mit Kommunisten besetzt, die den Aufbau einer antifaschistisch demokratischen Ordnung als Ziel formulierten. Im April 1946 kam es zur Vereinigung von SPD und KPD zur SED – gegen den Protest vieler Sozialdemokraten. Die Sozialdemokraten in den drei Westzonen und Westsektoren lehnten die Vereinigung ab, sodass die SED nur in der sowjetisch besetzten Zone existierte. Viele, vor allem junge Menschen, glaubten an eine freie und bessere Welt im Kommunismus. So wie Hella Maron, die seit ihrer Gründung zur SED gehörte und sich für einen sozialistischen Staat engagierte.

Um die Ausbreitung des sowjetischen Machtbereichs zu verhindern, entschlossen sich die Westmächte, unter Führung der USA, Deutschland als ein Bollwerk gegen den Kommunismus auszubauen. Das führte zu einem Wechsel der Politik und zu einem veränderten Verhalten gegenüber den Deutschen, die nun zu Verbündeten wurden. Voraussetzung dafür war Stabilität, was den Wiederaufbau der daniederliegenden Wirtschaft notwendig machte. 1947 kam es daher zum Zusammenschluss der amerikanischen und britischen Zone zur Bi-Zone, später mit der französischen zur Tri-Zone. 1948 verabschiedeten die USA ein Wiederaufbauprogramm für Westeuropa, den sogenannten »Marshallplan«, und führten im Juni 1948 in den Westzonen die Währungsreform durch. Mit der Einführung der D-Mark war der Grundstein gelegt für die Gründung der Bundesrepublik Deutschland. Damit auch Österreich in den Marshallplan mit einbezogen werden konnte, gab es dort bereits im Dezember 1947 eine Währungsreform, wodurch der Schilling, der seit November 1945 wieder eingeführt worden war, um ein Drittel abgewertet wurde.

Nach dem Staatsvertrag von 1955 endete in unserem ungeteilten Nachbarland dann auch die Besatzungszeit.

Bis 1948 aber galt: Egal in welcher Besatzungszone sie lebten – Hunger und Entbehrungen litten die Menschen gleichermaßen. Die politischen Entwicklungen aber machten sich im Alltag zwischen Ost- und Westdeutschland sehr unterschiedlich bemerkbar. Unter der Losung »Junkerland in Bauernhand« wurde im Sommer 1945 in der SBZ die Bodenreform durchgeführt und im Herbst aufgrund eines Befehls der Sowjetischen Militäradministration (SMAD) mit der Verstaatlichung der Industrie begonnen, von der lediglich Kleinbetriebe ausgenommen waren. Damit einher gingen eine »antibürgerliche« Stimmung und der Ausbau der Führungsrolle der stalinistisch geprägten SED. Die zunehmende Einschränkung der Meinungsfreiheit und Verfolgung jener, die mit dem sich herausbildenden kommunistischen Staat nicht einverstanden waren, veranlassten schon damals sehr viele Menschen in Ostdeutschland zur Flucht in die Westzonen. Das erklärte Ziel der Errichtung eines Arbeiter- und Bauernstaates eröffnete allerdings gerade Frauen viel mehr Möglichkeiten, sich zu bilden und beruflich zu qualifizieren, vor allem jenen, denen bisher aufgrund ihrer sozialen Herkunft solche Chancen verbaut gewesen waren. Viele von ihnen nutzten die Gelegenheit und ergriffen auch technische Berufe, wurden zum Beispiel Ingenieurinnen und Kranführerinnen. Zudem wurden in der 1949 gegründeten DDR mit dem verstärkten Ausbau von Kinderkrippen, -gärten und Schulhorten Voraussetzungen für die Berufstätigkeit der Frauen geschaffen. Ganz anders hingegen verlief die Entwicklung in der Bundesrepublik, wo in den 1950er-Jahren das traditionelle Frauenbild der Hausfrau und Mutter eine Renaissance erlebte.

An eine solche Entwicklung dachte 1945 aber noch niemand. Viele der Frauen, die sich schon in der Weimarer Republik für die Gleichberechtigung eingesetzt hatten, sahen in der Nachkriegssituation eine große Chance für ihre Sache. Unmittelbar nach dem Krieg gab es in Deutschland über 7 Millionen mehr Frauen als Männer, fast 60 Prozent der Bevölkerung war nun weiblich. Selbstständig organisierte diese Mehrheit in dem zerbombten Land das Überleben. Frauen räumten den Schutt weg, klopften unermüdlich Steine, suchten Wohnraum, Essen, Kleidung, gingen hamstern oder auf den Schwarzmarkt, versorgten die Kinder und die Alten, organisierten sich politisch und stillten mit kleinen Theater- und Konzertaufführungen sogar den kulturellen Hunger.

Die engagierte Pazifistin Anna Haag setzte sich vehement dafür ein, dass Frauen eine aktive Rolle in der Gesellschaft übernehmen sollten. »Wir Frauen müssen es machen«, verkündete sie 1946, »wir Frauen hier werden außerdem dem Ausland beweisen, dass sich im geschlagenen Deutschland ein Aufbruch der Frauen vollzieht. Dass diese Frauen es übernehmen, die fürchterliche Niederlage in einen Sieg umzuwandeln! In einen Sieg, der uns das Recht geben wird, vor unsere Schwestern jenseits der Grenzen hinzutreten und zu sagen: ›Das haben wir geschafft! In Deutschland lebt ein neuer Geist!‹« Zwar wurde sie 1946 in den ersten Landtag von Baden-Württemberg gewählt, sie blieb jedoch eine Ausnahme. Dorothea Klaje aus Neumünster forderte gar das Matriarchat: Nicht mehr der Vater sollte vor dem Gesetz das Oberhaupt der Familie sein, sondern die Mutter. In ganz Deutschland formierten sich überparteiliche Frauenausschüsse, die sich neben den in dieser Zeit so dringenden sozialen Aufgaben auch politischen Themen widmeten und die Erhaltung des Weltfriedens als das große Ziel formulierten. Eine Zusammenarbeit aller etwa 5 000 Frauenausschüsse deutschlandweit endete allerdings infolge unterschiedlicher politischer Entwicklungen in Ost und West, bevor sie richtig begonnen hatte. In der SBZ bildeten die Gruppierungen 1947 den Demokratischen Frauenbund Deutschlands (DFD) – eine Massenorganisation im Gefolge der SED –, in den Westzonen schloss man sich 1949 zum Frauenring zusammen. Dort waren es vor allem die Aktivistinnen der bürgerlichen Frauenbewegung, die sich politisch engagierten. Zu ihnen gehörte Elisabeth Selbert, deren Initiative wir die Aufnahme des Gleichberechtigungsparagrafen mit der Formulierung »Männer und Frauen sind gleichberechtigt« in das Grundgesetz der Bundesrepublik verdanken. Eine Mammutaufgabe, denn von niemandem im Parlamentarischen Rat bekam sie hierbei Unterstützung. Es gelang ihr jedoch, die Frauen zu mobilisieren. Mithilfe der Frauenausschüsse startete sie im Frühjahr 1949 eine bis dahin beispiellose Unterschriftenaktion, sodass auch die männliche Übermacht im Parlamentarischen Rat klein beigeben musste.

Dennoch: Großes Interesse, ein politisches Amt zu übernehmen, gab es bei der Mehrheit der Frauen nicht. Auch öffentlich geführte Diskussionen über die Verbrechen des Nationalsozialismus und die Rolle der Frau beim Aufbau eines neuen demokratischen Staates stießen auf wenig Resonanz. Nach den Erfahrungen mit dem nationalsozialistischen System und seinen fatalen Folgen wollte kaum noch jemand etwas mit Politik zu tun haben. Eine solche Abkehr von gesellschaftlicher Verantwortung setzte sich in den folgenden Jahren fort. Was nicht ohne Folgen blieb: Als die Männer zurückkehrten und überall in den Westzonen Frauen wieder aus den Berufen gedrängt wurden, blieben weitreichende Proteste aus; ungleiche Löhne wurden ebenso wie diskriminierende Gesetze mehr oder weniger akzeptiert. Nachdem dann auch Parteivorstände Anfang der 1950er-Jahre sogenannte »Unvereinbarkeitsbeschlüsse« erließen, die ihren weiblichen Mitgliedern die Mitarbeit in den überparteilichen Frauenausschüssen verboten, lösten diese sich schließlich auf.

In der Politik spielten die Frauen vorerst also keine Rolle mehr. Bis auf wenige Ausnahmen. Zu ihnen gehörte Hildegard Hamm-

Brücher, die von Anfang an und mit großem Engagement dafür kämpfte, dass sich die Deutschen ihrer Vergangenheit stellen sollten. Rückblickend schreibt sie:»Eigenes Unglück und viel Selbstmitleid verdrängten notwendige Einsichten in das kollektive und individuelle (Mit-)Verschulden an dem unermesslichen Leid, das Deutsche im Namen Deutschlands Millionen unschuldiger Menschen zugefügt hatten.« Sie übernahm politische Verantwortung und wurde mit 27 Jahren Münchens jüngste Stadträtin.

In Österreich zählt die bereits im Widerstand gegen die Nazis aktive Maria Emhart zu den ersten Frauen, die sich politisch engagierten, auch wenn ihr dies nicht leichtgemacht wurde, und ein amerikanischer Besatzungsoffizier meinte, Politik sei Männersache. Dennoch gelang es ihr am 18. April 1946 in Bischofshofen, als erste Frau in Österreich zur Vizebürgermeisterin für die SPÖ gewählt zu werden und diesen Posten 20 Jahre lang auszuüben. Dass sie wusste, wie man der notleidenden Bevölkerung helfen konnte, vor allem im unter sowjetischer Besatzung stehenden Osten Österreichs, belegt ihre Einrichtung der sogenannten»Löffelspende«. Jeder Haushalt wurde aufgefordert, einen Löffel Butter, Mehl, Zucker usw. abzugeben.

Die Frage, warum die Frauen diese historische Chance, langfristig mehr Verantwortung zu übernehmen, nicht wahrgenommen haben, ist nicht so leicht zu beantworten. Vielen Frauen fehlte für ein Engagement außerhalb der Familie sicherlich die Kraft. Die wurde gebraucht für das tägliche Beschaffen von Brot, für die Aufgabe, sich selbst und die Kinder am Leben zu erhalten. Zu tief aber werden sich auch die Erwartungen einer Frauenrolle über Generationen festgesetzt haben, als dass ein solcher gesellschaftlicher Wandel schnell möglich gewesen wäre. Hinzu kam, dass Männer Mangelware waren und noch immer viele Frauen glaubten, ohne Mann keinen gesellschaftlichen Status erreichen zu können.

Für die Arbeit an diesem Buch interessierten mich vor allem Erinnerungen von lebenden Zeitzeuginnen. Diese befragen zu können war ein eindrucksvoller Moment der eigenen geschichtlichen Vergewisserung. Da waren Hella Maron in Ostberlin, die auf ein menschenwürdiges Dasein in einem kommunistischen Staat hoffte, Christine Razum in Erlangen, die am Theater nach neuen Wegen suchte, die Frankfurterin Liselotte Maier, die ihr Studium fortsetzte, oder Ursula Kahnert aus Gransee, die als Arbeiterin nun in der DDR Lehrerin werden konnte. Einige der hier noch zu Wort gekommenen Zeitzeuginnen sind seit dem Erscheinen dieses Buches verstorben.

Zahlreiche autobiografische Aufzeichnungen, die von Frauen hinterlassen wurden, sind in den vergangenen Jahrzehnten veröffentlicht worden. In Tagebucheinträgen und Erinnerungen berichten sie von der Gewalt des Krieges, den Bombennächten, der Flucht, den Vertreibungen, von Vergewaltigung und der Verschleppung in Straflager, vom Tod der Kinder. Einzelne Passagen aus diesen erschütternden Zeugnissen ergänzen die Erzählungen der Zeitzeuginnen im vorliegenden Buch und bringen uns in Verbindung mit zeitgenössischen Fotografien das Schicksal dieser Generation nahe.

Einige bereits publizierte Texte sind inzwischen einem breiten Publikum bekannt, da sie als Vorlage für Verfilmungen dienten, und trugen dazu bei, den Frauen dieser Generation ein Gesicht zu geben, so wie Maria Furtwängler in den zwei großen TV-Mehrteilern »Flucht« aus dem Jahr 2007 und »Schicksalsjahre« vom Februar 2011.

Solche Medienereignisse sowie zahlreiche Fernsehdokumentationen, die sich mit der Nachkriegszeit auseinandersetzen, wecken zunehmend auch das Interesse der Jüngeren. Sie lenken den Blick auf diese bedeutungsvolle Zeit, erinnern an das unbeschreibliche Leid, das die Menschen durchlebt haben, und zeigen zugleich, welche enormen Leistungen von den Frauen der Kriegsgeneration vollbracht wurden. Es war die Stunde der Frauen, denn sie waren es, die ihre schlimmen Erfahrungen hintanstellten und mit einer ungeheuren Energie das Land wiederaufbauten. Allen diesen Frauen ist gemein, dass sie über ihre großen und kleinen Leistungen nicht viele Worte verloren haben. »Das war eben so, und es war selbstverständlich«, hätten sie gesagt oder sagen sie noch immer. Heute wissen wir, dass nichts selbstverständlich war. Darum möchten wir ihnen mit diesem Buch ein Denkmal setzen. Auch für die Enkelinnen und Enkel, denn ihre Großmütter waren es, die im wahrsten Sinne des Wortes den Grundstein für unseren Wohlstand gelegt haben. *Antonia Meiners*

Kapitel 1

Das Land versinkt im Chaos

D as Vordringen der sowjetischen Armee nach Ostpreußen im Winter 1944/45 war Anlass für den Beginn einer schier endlosen Flüchtlingswelle. Das durch die deutsche Propaganda geprägte Bild vom »russischen Untermenschen«, aber auch die Nachrichten über tatsächlich begangene Gräueltaten von Soldaten der Roten Armee hatten unter den Deutschen zu einer panischen Angst vor den russischen Kampftruppen geführt. In Trecks mit Pferdewagen und zu Fuß zogen Hunderttausende in Richtung Westen. Es waren zumeist Frauen mit ihren Kindern, die bei Schnee und grimmiger Kälte über Wochen unterwegs waren, getrieben von der Hoffnung, sich und ihre Familie in Sicherheit bringen zu können. Zunächst aus Ostpreußen, dann auch aus Schlesien und Pommern kamen sie. Oftmals wurden sie überrollt von der schnell vorrückenden Front, bedroht und betroffen von Misshandlung, Vergewaltigung und Ermordung, den Soldaten schutzlos ausgeliefert. Zehntausende starben zudem an Hunger, Erfrierungen oder durch gezielte Tieffliegerangriffe der Alliierten.

Am 9. April 1945 fiel die »Festung« Königsberg, am 16. April begann die Schlacht um Berlin, am 25. April trafen sowjetische und US-Truppen in Torgau an der Elbe zusammen. Die Niederlage der deutschen Wehrmacht war nicht mehr aufzuhalten, aber auf Hitlers Geheiß sollte das Land bis zum »letzten Blutstropfen« verteidigt werden – ein größenwahnsinniger Befehl, der noch unzählige Soldaten das Leben kostete und die Zivilbevölkerung in weiteres unendliches Leid stürzte. In kaputten Städten, ohne Strom- und Wasserversorgung, saßen die ausgezehrten Menschen tagelang in Bunkern und Kellern, schutzsuchend vor den Bomben und Granaten, voller Angst auch vor dem, was das Ende bringen würde.

8. Mai 1945. Der Krieg war aus. Doch das Leid nahm damit längst kein Ende. Den Terror, mit dem Hitlerdeutschland ganz Europa überzogen hatte, bekamen nun vor allem jene zu spüren, die aus ihrer Heimat in Ostpreußen, Schlesien und Pommern nicht geflohen waren oder jetzt dorthin zurückkehren wollten. Sie waren der Rache von Polen und Tschechen ausgeliefert, mussten oft innerhalb weniger Minuten ihre Häuser verlassen, ohne zu wissen, wohin; in Auffanglagern und Notunterkünften vegetierten sie dahin. Noch gab es keine Regelungen der Alliierten, sodass der Willkür polnischer und tschechischer Behörden keine Grenzen gesetzt waren. Sie verfolgten das Ziel, die deutsche Frage innerhalb kürzester Zeit zu lösen durch die »Entgermanisierung« des Landes, wie es der tschechische Präsident Edvard Beneš formulierte.

Im Juli 1945 einigten sich die Siegermächte während der Potsdamer Konferenz bis zum Abschluss eines Friedensvertrages auf die vorläufige Grenzziehung an der Oder-Neiße-Linie und die Massenausweisung der Deutschen östlich davon. Die bisherigen sogenannten »wilden Vertreibungen« wurden nun durch die »ordnungsgemäßen und humanen« – so der Wortlaut im Potsdamer Abkommen – Zwangsaussiedlungen abgelöst. 14 Millionen Vertriebene zählte man, als die Aussiedlungen 1948 für beendet erklärt wurden. 14 Millionen, die nicht nur ihre Heimat, sondern auch jeglichen Besitz verloren hatten. Sie kamen in ein vom Krieg verwüstetes Land, in dem die Menschen hungerten und kein Dach mehr über dem Kopf hatten, wo man sie keineswegs willkommen hieß und sie erst einmal in erbärmlichen Notunterkünften landeten.

Flucht und Vertreibung

Es war die größte Völkerwanderung der Geschichte, als sich am Ende des Zweiten Weltkriegs Millionen Deutsche aus den Ostgebieten des Reichs auf den Weg nach Westen machten. Erst flohen sie vor der Roten Armee, dann wurden sie gewaltsam aus ihrer angestammten Heimat vertrieben.

Als die Gewaltexzesse sowjetischer Soldaten an Deutschen bekannt wurden, als berichtet wurde von den Massenvergewaltigungen und der Verschleppung Tausender junger Frauen in sibirische Zwangsarbeitslager, begann die große Flüchtlingswelle. Unvorstellbares machten die Menschen durch, ausgeliefert der Kälte, dem

Hunger und der Gewalt der nachrückenden Front. Oft waren sie wochenlang unterwegs. Hunderttausende starben an Kälte, Hunger und Erschöpfung. Kinder verloren ihre Eltern und ihre Geschwister. Allein 9000 Menschen ertranken in der Ostsee, als am 30. Januar 1945 die mit Flüchtlingen aus Ostpreußen hoffnungslos überbelegte »Wilhelm Gustloff« Gotenhafen (Gdynia) in Richtung Kiel verließ und von sowjetischen Torpedos getroffen und versenkt wurde.

Nach der Kapitulation des Deutschen Reichs am 8. Mai 1945 hofften viele der Überlebenden, wieder in ihre Heimat zurückkehren zu können, dorthin, wo ihre Familien oft seit Jahrhunderten zu Hause waren. Doch für die Menschen in den Ostgebieten schien der Krieg noch immer nicht zu Ende zu sein. Schon bevor die Siegermächte am 2. August 1945 im Potsdamer Abkommen die Aussiedlung aller Deutschen östlich der neuen Grenzlinie beschlossen, wurde bereits mit ihrer Vertreibung aus allen Ostgebieten begonnen, vor allem aus Ostpreußen, Pommern und Schlesien. Es war nach dem Ende des ungeheuren, durch den Krieg verursachten Leids der Beginn einer weiteren humanitären Katastrophe. Man trieb die Menschen aus ihren Häusern, beraubte sie ihres Besitzes, hielt sie monatelang unter den widrigsten Bedingungen in Straf- und Zwangsarbeitslagern fest. Für das Leid, welches das polnische und das tschechische Volk unter der Nazidiktatur ertragen hatte, sollten nun sie die Rechnung bezahlen. Das Martyrium endete für sie auch nicht, als man sie in Güterwagen verfrachtete und an die Grenzen schickte. Noch auf den Transporten waren sie Raubüberfällen und gewalttätigen Übergriffen ausgesetzt. Die Zahl derer, die während der Vertreibungen zu Tode gekommen sind, wird auf eine halbe Million geschätzt, 1,5 Millionen Schicksale sind bis heute ungeklärt.

Die Straßen waren belebt von vielen müden kleinen Karawanen. Woher? Wohin? Ich weiß es nicht. Die meisten Gruppen zogen in Richtung Ost. Die Gefährte glichen einander: armselige Handkarren, mit Säcken, Kisten, Koffern hoch beladen. Davor, oft in Stricke gespannt, eine Frau oder ein älterer Junge. Hinterdrein kleinere Kinder oder ein karren-schiebender Opa. Fast stets oben auf dem Gerümpel des Karrens noch Menschenwesen: ganz kleine Kinder oder etwas Altes. Schrecklich sehen diese Alten, ob Mann oder Frau, zwischen dem Kram aus. Fahl, ver-fallen, schon halb gestorben, teilnahmslose Knochen-bündel. ... »Ehret das Alter«, ja - aber nicht auf dem Fluchtkarren, da ist nicht Ort noch Zeit dazu.

Anordnung!

Frauen jeden Alters sowie männliche Jugendliche unter 16 Jahren und Männer über 60 Jahre haben das Stadtgebiet von Breslau zu verlassen!

Um den Abtransport von Kranken und Gebrechlichen weiter zu ermöglichen, setzen sich alle Gehfähigen zu Fuß in Marsch.

Breslau, den 26. Januar 1945

Hanke
Gauleiter und Reichsverteidigungskommissar

Als die Rote Armee auf Breslau vorrückte, befahl Gauleiter Hanke am 26. Januar 1945 die Evakuierung aller Frauen und Kinder. Etwa 60 000 Flücht-linge waren zu Fuß unterwegs, bei Temperaturen um minus 20 Grad. Tausende starben auf diesem »Todesmarsch der Breslauer Mütter«, beinahe jeder Dritte.

Wir hörten Lärm auf der Straße, Schüsse, Schreie.
Als ich aus dem Fenster sah, erblickte ich einen
langen Zug von Menschen, der sich auf uns zu bewegte.
Milizsoldaten holten die Leute aus den Häusern, sie trieben sie an,
schlugen sie mit ihren Gewehrkolben, traten sie mit Füßen.
Schnell zogen wir uns an, rafften unsere Sachen
in Rucksack und Tasche, da waren sie schon da.
Unten reihten wir uns ein.

Die Flucht: So hatten wir uns bepackt:
Mutti = Sportwagen, Reisekorb, Kiste.
Käte = Handwagen, Wäschekorb, Hühnersack,
    Koffer.
Ulla = Damenrad, zwei Bettsäcke, Brotbeutel.
Isa = Sportpuppenwagen, Tasche, Rucksack.
Ich = Herrenrad, Ute auf der Querstange,
    ein Bettsack, Brotbeutel, Koffer und Gasmasken.

Ein Vertriebenentransport aus Polen

Wenn die Lokomotive ihre Signale pfeift, der Zug seine Fahrt verlangsamt und zum Stillstand kommt, schlägt das Herz wie ein Hammer, der Atem geht flach und gepresst, der ganze Körper verkrampft. Einmal bemerke ich, wie meine Zähne aufeinanderklappern, und vermag nichts dagegen. Der Angriff gilt fortan nicht mehr dem Gepäck, weil keines mehr da ist, sondern den Menschen selbst. Mäntel und Jacken werden herunter-, Kleider vom Leib gerissen, Körper gierig abgegriffen auf der Suche nach Schmuck und Geld, nach allem, was Wert haben könnte. Beim zweiten Überfall verliere ich meinen Rucksack mit dem ganzen Proviant, beim dritten den Restbestand an Złotys, beim vierten meine Stiefel. ...

Tief in der Nacht erreichen wir Stettin. ... Wieder ein Irrweg: der Hof, Ecken, Gänge, Treppen; überall die Miliz und Kolbenstöße wie bei Viehtrieben auf dem Schlachthof. Schließlich ein Raum, von Kerzenlicht halbwegs erhellt. Hinter einem langen Tisch sitzt der uniformierte Herrscher der Stunde. Er hat ein Buch vor sich. Und Schmuck und Geldstapel, vermutlich von denen, die früher schon hier durchgeschleust wurden.

»Ausziehen! Da, schnell!« Nicht »bis aufs Hemd«, sondern auf die nackte Haut müssen wir uns ausziehen und all unsere Kleider zwei Männern zuwerfen, die Messer aus ihren Stiefeln holen und routiniert mit der Arbeit beginnen: Alles wird rücksichtslos aufgeschnitten, keine Naht bleibt verschont. Mein ganzes Geld kommt zutage und landet auf dem Tisch, die 2000 Mark, die den Ansturm der Banden zwischen Belgard und Stargard noch überdauert hatten. »Schnell anziehen, schnell, schnell!« Ich raffe zusammen, was ich nur raffen kann: ein paar Wäschestücke, meinen Trainingsanzug oder was von ihm übrig ist, einen Bindfaden, um die Hose halbwegs zu halten. Und sogar ein paar Schuhe, ziemlich zerfetzt zwar und eigentlich zu groß, aber besser gewiss, als barfuß zu sein auf den weiteren Wegen, die noch kommen mögen.

Im Juli 1946 dann klopften drei Russen an unsere Tür: Sie haben 20 Minuten Zeit, und jeder darf 30 Pfund Gepäck mitnehmen.

Westwärts über das Riesengebirge, weiter durchs ehemalige Sudetenland bis an die Grenze Bayerns, wo wir – inzwischen aller Habe durch die nachfolgenden Russen befreit – an dichtgemachte Grenzen stießen, zurück mussten in die Hölle und dann nordwärts das Erzgebirge überquerten. Ziel: nur nach Hause, um wenigstens dort zu sterben. ... Aber der Weg ostwärts gelang nur bis zur Görlitzer Neiße. Auch da wurde niemand mehr durchgelassen, also westwärts zurück, bis man uns irgendwo in Sachsen-Anhalt aufnahm. Aber nicht wie arme, gebeutelte Kaum-noch-Menschen, sondern unserem damaligen Aussehen entsprechend wie »räudige Hunde«. Allein die Luftlinie unseres Fußmarsches dürfte die 700 Kilometer überschreiten.

Der Leiter des Flüchtlingslagers in Berlin-Pankow
berichtete im Januar 1946 an die Abteilung Aus-
gewiesene und Heimkehrer von der Ankunft offener
Güterzüge auf dem Bahnhof Pankow-Schönhausen mit
2600 Vertriebenen: »In den Wagen lagen Tote ...
Viele kamen halb verhungert, barfuß durch den
Schnee gewankt. In wenigen Minuten hatte ich
alles in Alarm gesetzt. Zwei Polizeireviere und
alle Sanitäter sammelten die zusammengebrochenen
Menschen von der Straße auf Schlitten, um die
Unglücklichen vor dem Erfrieren zu retten.«

*Mit Tochter
Alexandra*

Flucht aus Böhmen

Viktoria Prinzessin zu Hohenlohe, 1914–1988
erlebte das Kriegsende in Petschau (Bečov nad Teplou)

Am 16. April 1945 verließen Karl Prinz zu Hohenlohe, seine Frau
Viktoria mit ihren beiden Müttern und den vier Töchtern –
Alexandra, die Älteste, war neun Jahre alt, Maria, die Jüngste, gerade
ein Jahr alt – ihre Villa im böhmischen Görkau (Jirkov). Die Familie zog mit ihrem Treck Richtung Westen. Die Amerikaner jedoch
sperrten alle Straßen, sodass die Flüchtlinge Tage und Wochen in
dem tschechischen Grenzgebiet umherirrten. Prinzessin Hohenlohe,
damals 29 Jahre alt, schrieb später ihre Erinnerungen nieder. Einige
Passagen daraus sind gekürzt im Folgenden abgedruckt.

»Der 13. Mai zog herauf, ein strahlender Sonntag, und kein Russe war zu sehen, nur das Gedränge auf den Straßen hielt an. Autos,
Wägen, Fahrzeuge aller Art, zwischendrin Fußgänger, das Handwägelchen hinter sich herziehend, Mütter mit Kinderwägen, alte Leute am Stock daherhumpelnd, riesige Autobusse mit Menschen über-
laden und dazwischen immer wieder die typischen Bauerngespanne
der schlesischen und ungarischen Flüchtlinge. In einer dichten
Staubwolke wälzte sich dieser lebendige Strom gegen Westen, ver-

mehrt durch den Gegenstrom derjenigen, die, von den Amerikanern nicht durchgelassen, nun verzweifelt wieder zurückzogen. Gegen Abend besetzte statt der erwarteten Russen die tschechische Revolutionsgarde Petschau (Bečov nad Teplou). Sie tranken und feierten Tag und Nacht. Doch kaum war der erste Rausch verklungen, als schon ein planmäßiger Rachefeldzug gegen alles Deutsche begann und das Grauen sich lastend über das Städtchen breitete.

Eine wilde Verhaftungswelle setzte ein. Mit und ohne Begründung wanderten die Menschen ins Gefängnis. Persönlicher Hass, Denunziantentum und Vergeltung beherrschten die Stimmung. Keiner war sicher, nicht in der nächsten Stunde verhaftet zu werden. Über das, was den Häftlingen bevorstand, war niemand im Zweifel, gaben die Gefängniswärter doch mit zynischer Offenheit zu, ›die richtigen Methoden in den Nazi-KZ zur Genüge gelernt zu haben, um jetzt Auge um Auge, Zahn um Zahn vergelten zu können‹.

Es regnete Verordnungen auf die geduckten Köpfe der Bevölkerung herab:
• Deutsche haben ab sofort zur Kenntlichmachung eine weiße Armbinde zu tragen,
• Deutsche erhalten nur mehr die im Dritten Reich den Juden zugebilligten Lebensmittelkarten, Deutsche sind zur Zwangsarbeit verpflichtet,
• Deutsche haben ab sofort abzugeben: Wertsachen jeder Art, Schmuck, Silber, Radios usw.,
• Deutsche dürfen Lokale nicht mehr betreten, Geschäfte nur zu bestimmten Zeiten.

Dann begannen die Tschechen mit der sogenannten Säuberung ihres Landes, indem sie erst einmal alle Reichsdeutschen, Parteifunktionäre (später wahllos jedermann) binnen zehn Minuten aus den Wohnungen warfen und die Unglücklichen zu Fuß »heim ins Reich« sandten. An jedem Ortsein- und -ausgang machten sich tschechische Sperren breit, Soldateska übelster Art, die die armen Flüchtlinge noch einmal gründlich ausplünderten.

Am Grünberg, zwei Kilometer westlich von Petschau (Bečov nad Teplou), lag die amerikanische Demarkationslinie. An ihr staute sich die Flut. Hier an den Sperren wurde niemand durchgelassen. Wer nicht zurück zu den Russen wollte, der lagerte auf großen Wiesen am Rande der Teplitz und wartete. – Es war ein namenloser Anblick, einem riesigen Heerlager gleich, diese vielen Tausende da kampieren zu sehen. Endlich griffen die Amis ein, indem sie diejenigen, die einwandfrei ihre Heimat im Westen des Reiches nachweisen konnten, durchließen, die weitaus größere Zahl der anderen aber geschlossen den Russen übergaben.

Es war kurz nach Pfingsten, als wir erfuhren, dass die Russen in der Nacht eingezogen waren. Bei Tag benahmen sie sich verhältnismäßig harmlos, ungemütlich aber wurden sie nachts, besonders wenn es ihnen gelungen war, irgendwoher Alkohol aufzutreiben! Dann kannten sie keine Grenzen mehr, und vor allem die Frauen hatten nichts zu lachen. Auf der Straße war man als Träger der weißen Armbinde nie sicher, beschimpft, angespuckt oder verprügelt zu werden. Die tschechischen Kommissare gingen meistens mit Hundepeitschen oder Gummiknüppeln spazieren und gebrauchten beides ebenso wahllos wie ausgiebig. Jeder notwendige Gang in die Stadt wurde zur Qual. Jeder Deutsche, Mann wie Frau, war zur Zwangsarbeit ohne Entgelt verpflichtet und wurde nach Lust und Laune der Machthaber herangezogen. Die besseren Stände natürlich nur zu den schmutzigsten und demütigsten Arbeiten, und die Frauen, die man besonders schikanieren wollte, sandte man als Mägde in die Russenquartiere!

Am 21. Juli schnürten wir wieder unser Bündel. Es galt jetzt, schleunigst beim Narodny Vybor die Aussiedlungspapiere zu erhalten. Stunden stand ich täglich in der Schlange der Leidensgenossen, wurde angebrüllt, beschimpft, hinausgewiesen und musste doch immer wieder den bitteren Gang tun, bis man uns die Papiere erteilte. Zu Fuß – Bahnbenutzung war den Deutschen nicht gestattet – am blau-weißen Grenzpfeiler angekommen, erklärten Tschechen und Amerikaner unsere Papiere zwar für gültig, gleichzeitig aber mit bedauerndem Achselzucken, dass seit gestern jeder private

Grenzübertritt streng untersagt sei. Die Aussiedlung werde in geschlossenen Transporten vor sich gehen. Wir waren um 24 Stunden zu spät gekommen. Ich kann die 1 000 Versuche, legale und illegale, nicht schildern, die wir in diesen Wochen unternahmen, die unzähligen Wege nicht beschreiben, die wir hinter einer Möglichkeit, einem Hoffnungsschimmer hergelaufen sind. Es war alles immer vergebens, und es schien schon manchmal fast, als ob uns dieses gehasste und doch so geliebte Land nicht mehr loslassen könnte.

Alle zusammen gebaren wir endlich den rettenden Gedanken, uns über ein UNRRA-Lager (*United Nations Relief and Rehabilitation Administration*) abtransportieren zu lassen. Für Deutsche war das allerdings unmöglich. Wir mussten nicht nur schnell eine Scheinmetamorphose zu Österreichern durchmachen, sondern vor allem unter Einsatz aller verfügbaren Beziehungen die Aufnahme ins Lager erschleichen. Ein fast aussichtsloser Versuch, der aber in diesem Fall gelang. Unsere Gruppe war inzwischen auf 17 Personen angeschwollen, als wir am 29. September auf einem riesigen Lastauto nach Pilsen ins Lager fuhren.

Camp Carlov! Das war weithin braune, lehmige Tiefebene, kein Baum, kein Strauch, in der Weite verloren, eng aneinandergedrückt etwa 30 Baracken, die sich kaum vom gleichfarbigen Erdboden abhoben. Ringsumher Stacheldraht, darüber im Herbstwind knatternd das Sternenbanner und als Relief qualmend im Hintergrund die Schlote der Skodawerke. Ein Raum von 5 x 6 Metern, mit zwölf strohgefüllten Holzgestellen, je zwei und zwei übereinander, in der Mitte ein langer Tisch mit 12 Stühlen, um die herum gerade noch so viel Raum blieb, dass ein Mensch sich durchschlängeln konnte. Ofen war keiner vorhanden. Ein Fenster fehlte. Da wir die Wagen der Babys noch zwischen den Betten aufstellen mussten, hausten wir in wahrhaft fürchterlicher Enge, 14 Personen und ein Hund. Dazu kamen bald der Hunger und die »Lagerkrankheit«, weil niemand den ewig gleichen Eintopf, den wir als Einziges vorgesetzt bekamen, auf die Dauer vertrug und die wenigen Vorräte, die wir noch hatten, für die Kinder bleiben mussten. Über die hygienischen Verhältnisse will ich lieber schweigen, sie waren unvorstellbar. Und die Zeit schien stillzustehen.

Gerüchte gingen um, das Lager werde den Tschechen übergeben, und es wurde beschlossen, dass ich ins Headquarter gehen und die uns bekannten amerikanischen Offiziere für unseren Abtransport interessieren müsse. Zwei Wochen liefen wir so fast täglich von einer Instanz zur anderen, bis wir endlich den Transport durchgesetzt hatten und am Abend des 19. Oktober im Viehwagen verladen und einem Ausländertransport angeschlossen wurden. Angenehm war es wirklich nicht, aber als wir am nächsten Vormittag bei Furth im Walde tatsächlich die Tschechoslowakei hinter uns ließen, waren Freude und Erleichterung doch stärker als alles andere.

Wir hatten Glück, der Transport brauchte nur einige Tage bis München, sodass wir schon am 21. Oktober am letzten Geleise des Rangierbahnhofes, hungrig, schmutzig und recht verwahrlost, doch voll guten Mutes aus dem Viehwagen krochen – einem neuen Leben entgegen.«

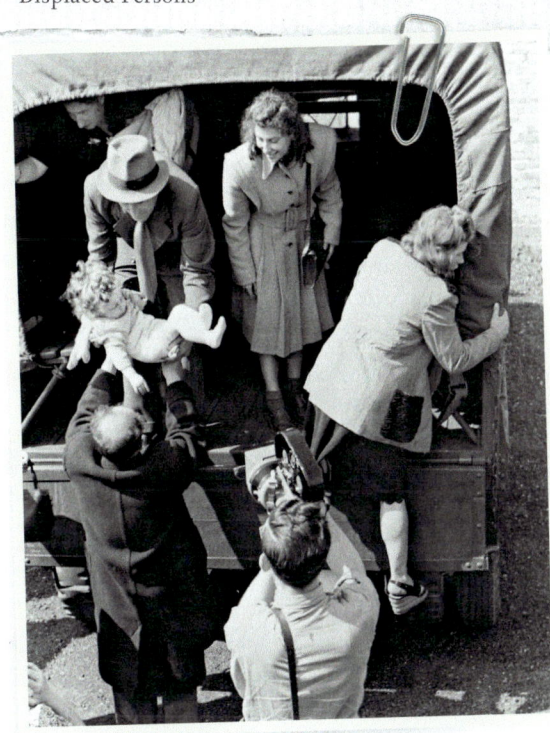

Jüdische Displaced Persons *in Frankfurt am Main.*

Displaced Persons

D̈er Sieg der Alliierten über Deutschland bedeutete auch die Übernahme der Verantwortung für die während der Nazidiktatur aus ihrer Heimat verschleppten oder in Lagern internierten Menschen: Zwangsarbeiter, Kriegsgefangene und Überlebende aus den Konzentrationslagern. Ihre Zahl schätzt man auf 7 Millionen. Diese von den Alliierten als *Displaced Persons* bezeichneten Menschen, die so als lediglich »Ortsfremde« kategorisiert waren, wurden zumeist in sogenannten DP-Lagern untergebracht. In diesen Lagern herrschten zum Teil unhaltbare Zustände. Nicht nur, dass dafür ehemalige Konzentrationslager umfunktioniert wurden und so die Menschen wieder dort landeten, wo sie zuvor unendliches Leid erfahren hatten, hier waren sie erneut großen Entbehrungen ausgesetzt. Es mangelte an allem: an Lebensmitteln, Kleidung – zum

Teil trugen die Menschen noch monatelang ihre Häftlingskleidung –, an medizinischer Versorgung und hygienischen Einrichtungen. Im Auftrag des ICG *(Intergovernmental Committee on Refugees)* erstellte der amerikanische Jurist Earl G. Harrison im August 1945 einen Untersuchungsbericht, den er US-Präsident Harry S. Truman vorlegte. Dieser forderte daraufhin vom amerikanischen Oberbefehlshaber in Deutschland, General Dwight D. Eisenhower, sofortige Korrekturen. Die Verwaltung der DP-Lager wurde nun von der Hilfsorganisation UNRRA *(United Nations Relief and Rehabilitation Administration)* übernommen. Sie bemühte sich um Repatriierung der Betroffenen, ein Großteil von ihnen konnte auch bis September 1946 heimkehren. Zurück blieben jene, die zu geschwächt waren für eine lange Reise, und die Entwurzelten. Es waren vor allem Juden, die nichts mehr in dem Land hielt, das ihre Vernichtung beschlossen hatte. Sie warteten hier auf ihre Ausreisegenehmigung in die USA oder nach Palästina. Dieses Warten zog sich für sie über Jahre hin, da die Briten nur geringe Einwanderungsquoten für Palästina genehmigten. Dies änderte sich erst mit der Gründung des Staates Israel im Mai 1948. Dennoch mussten bis Anfang der Fünfzigerjahre zahlreiche Juden in den Lagern ausharren.

Aufgrund der britischen Einwanderungsbeschränkungen organisierte die Jewish Agency die illegale Einwanderung europäischer Juden nach Palästina, um die verantwortlichen Politiker unter Druck zu setzen. Ziel der massenhaften Einwanderung war die Gründung eines jüdischen Staates. Den Weg solcher illegalen Flüchtlinge aus deutschen DP-Lagern nach Palästina im Jahr 1947 schilderte der Regisseur Meyer Levin in dem Dokudrama »The Illegals«. Tereska Torres begleitete Meyer Levin als Mitwirkende in seinem Film und schrieb zugleich ein Filmtagebuch, veröffentlicht unter dem Titel »Unerschrocken«.

Nehmt sie in Eurer Mitte auf!
helft den Umsiedlern!

Ankunft in der Fremde

Die immense Zahl der Flüchtlinge und Vertriebenen stellte die Behörden der Besatzungszonen vor kaum zu lösende Probleme. Wie sollten die Millionen versorgt werden, wo sollten sie wohnen in einem zerstörten Land, in dem der Hunger herrschte? Damals stieg die Bevölkerung zum Beispiel in Schleswig-Holstein um 73,1 Prozent, in Niedersachsen um 51,9 und in Bayern um 32,7 Prozent.

Die Alliierten einigten sich auf Aufnahmequoten für jede Besatzungszone, doch lagen die Schätzungen dafür viel zu niedrig. Aus notdürftig eingerichteten Auffanglagern, wo die nun Heimatlosen mit dem Allernotwendigsten versorgt werden konnten, sollten die Menschen in die einzelnen Besatzungszonen verteilt werden. Allein Berlin hatte 48 solcher Lager für insgesamt 30 000 Menschen eingerichtet. Da jedoch die Flüchtlinge in diesen provisorischen Unterkünften wegen mangelnder Transportmöglichkeiten wochenlang festsaßen, reichte die Versorgungskapazität längst nicht aus. Da half auch die Anordnung nicht, die den Flüchtlingen vorschrieb, die Stadt in Richtung Westen zu verlassen.

Endlich in den einzelnen Besatzungszonen angekommen, schickte man sie überwiegend in unzerstörte Kleinstädte und Dörfer, wo sie zwangseingewiesen wurden. Völlig mittellos, waren sie auf das Wohlwollen der alteingesessenen Bevölkerung angewiesen, die die Landsleute aus dem Osten jedoch nur widerwillig aufnahmen. Ausgegrenzt und unter häufig widrigsten Bedingungen fristeten sie ihr Dasein. Viele landeten in Flüchtlingslagern, die nicht selten für Jahre ihr Zuhause blieben.

Auf dem Stettiner Bahnhof in Berlin angekommen, wurden die völlig erschöpften Flüchtlinge in ein Gebäude geschickt, wo sie erst einmal übernachten konnten:
Wir haben es auch ziemlich schnell gefunden. Es war eher eine Ruine. Aber es roch dort herrlich nach Brot, denn in den Trümmern befand sich noch eine Backstube. Der Bäcker stand davor, und als er uns kommen sah, ist er in seine Backstube gerannt und hat die Tür verrammelt.

Unterkunft im Pferdestall

Die Kasernenbauten waren mit Flüchtlingen restlos überbelegt, sodass die Lagerleitung gezwungen war, die Menschen auch in den alten Pferdeställen unterzubringen. Die Müllers wurden in Stall 7 geführt. In dem langen, zugigen Raum standen weder Betten noch sonst etwas. Wer keine eigene Decke hatte, musste auf dem blanken Betonboden liegen. Sie waren Neuankömmlinge und bekamen daher den schlechtesten Platz direkt neben der Tür zugewiesen. So lagen sie im Durchzug. »Gott sei Dank war es ein recht freundlicher Herbst, sonst hätten wir die erste Woche vielleicht gar nicht überlebt. Später, als dann einige Leute aus dem Stall das Lager verließen, rückten wir auf und packten unsere Sachen an eine bessere Stelle. Wir sammelten Laub und bauten damit ein kleines ›Nest‹. So schliefen wir etwas weicher und wärmer.«

Aus einer Reportage Elfriede Brünings, veröffentlicht in der Zeitschrift »Neue Heimat« 1948:

Als wir hören, dass im Zuge der neuen Flüchtlingstransporte 1013 Umsiedler nach Sangerhausen kommen werden, machen wir uns kurzerhand auf den Weg. Wir wollen dabei sein, wenn die Stadt ihre neuen Bürger empfängt. ... Seit etwa zehn Tagen kämmen die Kreis-Wohnungskommissionen in vier Kolonnen zu je zwei Mann jedes Dorf, jedes Gehöft nach freiem Wohnraum durch. Da sich der Kreis

aus 81 Gemeinden zusammensetzt, in denen nur jeder Dritte ein Umsiedler ist, denken wir uns das Ergebnis recht zufriedenstellend. Am
nächsten Tag sind wir draußen in Wettelrode. Ein Dorf, das bis zum
Rand mit Abwehr gefüllt ist. Die Kreis-Wohnungskommission stößt
vor jeder Tür auf neue Ausflüchte ... Wir gehen zu Bauer Rauchstein.
Der lange dürre Sechziger verteidigt sein Haus wie eine Festung.
Hier kommt kein Umsiedler rein! Der krumm gearbeitete Schlesi-
er, der schon drinsitzt, rechnet gar nicht. Der Bauer hat ihn in die
dunkelste Kammer verbannt. Er drosselt sein Licht. Er montiert die
Lichtschalter ab. Er missgönnt ihm den Quadratmeter Platz für den
Handwagen, er schnürt ihm nächstens noch die Luft zum Atmen ab.
... Das ist die Aufnahme, die der Kreis Sangerhausen den Menschen
bietet, die vor vier Wochen Haus und Hof verlassen mussten, die
14 Tage Bahnfahrt und ebenso lange Quarantäne hinter sich haben.

Durch die katastrophalen Lebensumstände,
denen die Flüchtlinge in den letzten Wochen
ausgeliefert waren, litten viele von ihnen an Flöhen
und Läusen: »Die Läuse waren damals ja
so etwas wie die Haustiere der Menschen.
Wir mussten in diesen Wochen in der Kruppstraße
gleich mehrfach zur Entlausungsstation.
Es wurde DDT-Pulver verwendet. Am Nacken
bekamen wir einen Schlauch in die Kleidung
gesteckt, der an einer Art Luftpumpe befestigt
war, und dann wurde gepustet, bis der Staub unten
an den Schuhen wieder rauskam. Das war eine
Generalreinigung, die Läuse waren danach weg.
Meistens jedenfalls.«

Russische Soldaten nach
dem Einmarsch in Berlin,
April 1945.

Freiwild

Schätzungen zufolge wurden am Ende des Zweiten Weltkriegs 2 Millionen Frauen durch Soldaten der Roten Armee vergewaltigt, allein in Berlin sollen es 100 000 gewesen sein. Viele von ihnen starben an den ihnen zugefügten Qualen oder begingen Selbstmord. Dennoch war dieses Thema in Deutschland lange tabu. Nicht nur, weil es in der sowjetischen Besatzungszone und späteren DDR verboten war, darüber zu sprechen – diese Gewalttaten passten nicht ins Bild des sozialistischen Brudervolks –, sondern auch, weil die meisten der Frauen aus Scham über das Erlittene lange Zeit schwiegen. Erst durch die Veröffentlichung von Büchern wie »Eine Frau in Berlin« – diese Aufzeichnungen einer Berliner Journalistin aus den letzten Kriegstagen wurden 2008 auch verfilmt – rückte dieses Thema in die Öffentlichkeit.

Das Schlimmste war, dass die Russen vier Wochen lang freie Bahn hatten. Wir waren vogelfrei, besonders wir jungen Mädchen. Die Kinder, die im Sommer auf der Straße »Uri, Uri!« und »Frau, komm!« spielten, wussten genau, was das bedeutete. Sie hatten zuschauen müssen, was die Russen mit ihren Müttern und Schwestern anstellten.

Der Hals war mir trocken vor Spannung, als ich in die Wohnstraße meiner Freundin einbog. Wenn man einander zwei Monate nicht gesehen hat – und was für Monate! –, so weiß man ja nicht, ob die Häuser noch stehen und die Menschen noch am Leben sind. ... Klopfen und Rufen. Ich gebe mich zu erkennen. Drinnen ein Freudenschrei. Wieder Umarmung mit einer Frau, mit der ich sonst höchstens einen Händedruck tauschte. Der Mann ruft: »So was! Da kommt sie angetänzelt, als ob gar nichts wäre!«

Hastig wechseln Ilse und ich die ersten Sätze: »Wie oft geschändet, Ilse?« – »Viermal, und du?« – »Keine Ahnung, hab mich vom Train zum Major hochdienen müssen.«

Wir sitzen in der Küche beisammen, trinken echten Tee, zur Feier des Tages herausgekramt, essen Marmeladenbrot dazu, berichten. ... Während wir das Thema beim Wickel hatten, verzog sich Ilses Mann. ... Ilse grinste hinter ihm her: »Tja, das kann er nicht gut hören.« Er quält sich mit Selbstvorwürfen, weil er tatenlos im Keller zurückblieb, während die Iwans seine Frau zwischenhatten. Bei der ersten Vergewaltigung im Keller war er sogar in Hörweite. Es muss ein sonderbares Gefühl für ihn gewesen sein.

Unsere Männer, so scheint es mir, müssen sich noch schmutziger fühlen als wir besudelten Frauen. In der Pumpenschlange erzählte eine Frau, wie in ihrem Keller ein Nachbar ihr zugerufen habe, als die Iwans an ihr zerrten: »Nun gehen Sie doch schon mit, Sie gefährden uns ja alle!«

Über Berlin
läuten die Glocken
zum Sieg der Alliierten

Irgendwo steigt in dieser Stunde die berühmte Parade, die uns nichts angeht. Es verlautet, dass heute Festtag bei den Russen sei, dass die Mannschaften zur Feier des Sieges Wodka zugeteilt bekämen. An der Pumpe hieß es, Frauen sollten nach Möglichkeit die Häuser nicht verlassen. ... Mittlerweile hatten wir das Thema Alkohol beim Wickel. Herr Pauli hat mal gehört, dass eine Anweisung an die kämpfende deutsche Truppe ergangen sei, Alkoholvorräte niemals zu vernichten, sondern sie dem nachsetzenden Feind zu überlassen, da erfahrungsgemäß dieser durch Alkohol aufgehalten und in seiner weiteren Kampfkraft beeinträchtigt werde. Das ist so Männerschnack, von Männern für Männer ausgeheckt. Die sollen sich bloß mal zwei Minuten überlegen, dass Schnaps geil macht und den Trieb gewaltig steigert. Ich bin überzeugt, dass ohne den vielen Alkohol, den die Burschen überall bei uns fanden, nur halb so viel Schändungen vorgekommen wären. ... Beim nächsten Krieg, der mitten unter Frauen und Kindern geführt wird (zu deren Schutz früher angeblich das Mannsvolk auszog), müsste vor Abzug der eigenen Truppen jeder verbliebene Tropfen an aufputschenden Getränken in den Rinnstein gegossen, Weinlager müssten gesprengt, Bierkeller hochgejagt werden. ... Bloß weg mit dem Alkohol, solange Frauen in Greifweite des Feindes sind.

An der Pumpe wurde eine Flüsterparole weitergegeben: Im Luftschutzbunker hat eine Ärztin einen Raum als Seuchen-lazarett eingerichtet, mit großen Schildern in Deutsch und Russisch, dass Typhuskranke in dem Raum untergebracht seien. Es sind aber blutjunge Mädchen aus den Häusern ringsum, denen die Ärztin mit dem Typhustrick die Jungfernschaft rettet.

Die US-Truppen erreichen München am 30. April 1945.

IMMER WIEDER EKELT ES MICH *in diesen Tagen vor meiner eigenen Haut. Ich mag mich nicht an-rühren, kaum noch anschauen. Muss daran den-ken, was mir die Mutter so oft erzählt hat von dem kleinen Kind, das ich einmal war. ... Lilienweiß sollten Hals und Gesicht bleiben, wie es damals Zeit und Mode von gut gehaltenen Töchtern verlangten. So viel Liebe, so viel Aufwand mit Häubchen, Badethermometern und Abendgebet für den Unflat, der ich jetzt bin.*

Die Alliierten

Nach dem Zusammenbruch des nationalsozialistischen Systems war in Deutschland jegliche staatliche Autorität verschwunden und dadurch ein Machtvakuum entstanden. Um eine völlige Auflösung gesellschaftlicher Strukturen zu verhindern, erließen die Alliierten sofort nach ihrem Einmarsch Gesetze und Verordnungen für die deutsche Zivilbevölkerung. Davon kündeten Befehle der Roten Armee und Proklamationen des westlichen Militärs, befestigt an Zäunen, Mauern und Plakatwänden. Ausgangssperren, Verbote, wie das Verlassen des Aufenthaltsorts, und die Registrierung gehörten zu den ersten Maßnahmen. Zugleich wurden Posten in Verwaltungen mit Deutschen besetzt, die als Gegner des Nationalsozialismus bekannt waren. Am 5. Juni 1945 etablierte sich in Berlin der Alliierte Kontrollrat mit den vier Oberkommandierenden der sowjetischen, amerikanischen, britischen und französischen Armeen als oberste Machtinstanz in Deutschland. Im Juli trafen die Regierungschefs der Siegermächte UdSSR, USA und Großbritannien zur Potsdamer Konferenz zusammen, um unter anderem die Aufteilung Deutschlands in vier voneinander abgetrennten Besatzungszonen zu besiegeln, auch einigten sie sich auf die Ziele ihrer Deutschlandpolitik: Entmilitarisierung, Entnazifizierung, Bestrafung der NS-Verbrecher und Erziehung zur Demokratie. In diesem Zusammenhang war jeglicher Kontakt zwischen den Soldaten der Alliierten und der deutschen Bevölkerung untersagt.

Die unterschiedlichen Vorstellungen von Demokratie seitens der Sowjetunion und der Westalliierten sollten sich allerdings bald zeigen und in den Beginn des Kalten Krieges 1946/47 münden. Damit einher ging auch ein verändertes Verhalten der Alliierten gegenüber den Deutschen. Aus den Besiegten wurden Verbündete, die auf der jeweiligen Seite ihren Beitrag im Ost-West-Konflikt zu leisten hatten.

Aus dem Potsdamer Abkommen vom 2. August 1945

Alliierte Armeen führen die Besetzung von ganz Deutschland durch, und das deutsche Volk fängt an, die furchtbaren Verbrechen zu büßen, die unter der Leitung derer, welche es zur Zeit ihrer Erfolge offen gebilligt hat und denen es blind gehorcht hat, begangen wurden. Dabei sei es jedoch nicht die Absicht der Alliierten, das deutsche Volk zu vernichten oder zu versklaven. Die Alliierten wollen dem deutschen Volk die Möglichkeit geben, sich darauf vorzubereiten, sein Leben auf einer demokratischen und friedlichen Grundlage von Neuem wieder aufzubauen.

Aus einer Informationsschrift für nach Deutschland geschickte amerikanische Soldaten:

... Nach sechs Jahren der Propaganda wirst du überrascht sein, wenn du zum ersten Mal Deutsche siehst. Man hat so viel über sie gesprochen und gelesen, hat sie so sehr gehasst, dass man geneigt ist zu glauben, sie seien anders als andere Menschen. Dies stimmt zwar, aber auf eine sehr schwer erkennbare Weise. ... Deutsche Tatkraft und deutscher Fleiß, deutscher Erfindergeist, deutsche Zentralheizungen erinnern an euer eigenes Land. ... Zentralheizung ist für Deutschland typisch, aber Buchenwald war es auch. Deutsche

Reinlichkeit ist typisch so sehr, dass man Seife aus menschlichen Körpern verfertigt hat. Deutsche Medizin ist so hoch entwickelt, dass sie Menschen als Experimentierobjekte zu verwenden lernte. Die Nazikunst schenkte der Welt Lampenschirme aus menschlicher Haut. So sind Amerikaner nicht!

Halte dein Mitleid zurück.

Eine der wenigen Waffen, die den »kleinen« Deutschen geblieben ist, ist diejenige, zu erreichen, dass sie uns leid tun. Da sind Kinder, die von einem Fuß auf den andern trippeln, wenn sie in der Kälte vor eurem Speisesaal herumstehen, zu höflich oder zu ängstlich, um zu betteln, aber in ihren Augen kann man den Hunger lesen. Da sind alte Männer und Frauen mit Handwägelchen, junge Mädchen in fadenscheinigen Kleidern. Das sind keine Nazis, wirst du sagen.

... Diese »kleinen« Deutschen sind die gleichen Menschen, die sich Sklavenarbeit gefallen ließen und froh darüber waren. Noch leben viele Opfer der Nazibrutalität in Deutschland. Sprich mit einem Polen oder Franzosen oder Holländer, den man zur Zwangsarbeit nach Deutschland verschleppt hat, und er wird dir erzählen, wie ihn die »kleinen« Deutschen behandelt haben.

... Die Denkfehler, die den Durchschnittsdeutschen dazu geführt haben, die Heuchelei und Brutalität der Nazis anzunehmen, sind heute noch so stark wie vor der Niederlage. ... Vergiss nicht, Deutschland ist noch immer Feindesland.

Es war wohl 1946 oder 1947, als die US Army im Marienfelder Industriegebiet in Werkhallen Weihnachtsfeiern für Kinder ausrichtete. Die Eltern mussten draußen bleiben. Für mich war das schlimm, ich heulte fürchterlich. Ein amerikanischer Soldat nahm mich auf den Schoß und tröstete mich. Wir bekamen einen bunten Teller und ein Buch. Als ich schreiben konnte, kritzelte ich hinein: »Dieses Buch hat mir ein Ami geschenkt.« Dieser Ami brachte mich nach der Weihnachtsfeier hinaus zu meiner Mutter und erfragte unsere Adresse. Schon wenig später bekamen wir ein Päckchen für mich, da waren lauter schöne Sachen drin. Manchmal besuchte uns der Amerikaner auch, er war auf dem Flugplatz Tempelhof stationiert. Es entstand eine Freundschaft, die über Jahrzehnte anhielt.

Unsere ganze Siedlung, das ganze Viertel wurde eingezäunt am 18. Juli. Es wurde zum Quartier für Amerikaner. Und die haben nicht gefragt, wer bist du, was machst du, was hast du, sondern raus. In meiner Wohnung waren zwei Amerikaner einquartiert. Ich durfte nie wieder rein. Keiner durfte hinter den Zaun.

Hauptquartier der britischen Truppen, Bad Oeynhausen.

»Man hatte diesen Aufbauwillen«

Hildegard Nitschke, 1919–2014, erlebte das Kriegsende in Berlin. Sie wurde 1919 in Schlesien, in der Grafschaft Glatz geboren. Sie lebt heute in Berlin-Friedenau.

Dass es uns noch einmal so gutgehen würde, haben wir nie gedacht, als der Krieg 1945 zu Ende ging, als wir wirklich am Boden lagen. Wir wünschten uns nichts sehnlicher, als einmal wieder eine Nacht durchzuschlafen, ohne Bomben, und wenigstens einmal satt zu werden. Wenn es doch ein Ende hätte! Ich wollte dann über nichts mehr meckern.

Wir wussten ja, wir haben Schuld. Das wusste man. Dass die Juden so verfolgt wurden, dass wusste ich erst sehr spät. Zu Hause in meinem Dorf gab es keine. In Berlin, im Baugeschäft, wo ich angestellt war, hatten wir einen Holzlieferanten. Salomon hieß der. Als er sich entschloss, aus Deutschland wegzugehen, ist mein Chef sofort zur Bank, um ihm alle Außenstände auszahlen zu können. Da sagte der Bankbeamte zu ihm, wieso er das täte, wenn das ein Jude sei, bräuchte er doch nicht zu bezahlen.

Die ersten Russen kamen Ende April 1945 nach Berlin-Zehlendorf, wo ich wohnte. In der Nacht darauf stand eine Frau mit zwei Töchtern in der Tür, völlig verstört. Sie hatte versucht, ihre Töchter vor den russischen Soldaten zu verteidigen. Es nutzte aber nichts, sie sind alle vergewaltigt worden. Wenn ein Russe kam, hieß es dann für uns Frauen, sich erst einmal ganz schnell zu verstecken. Die Soldaten gingen ja immer durch die Häuser auf der Suche nach Frauen oder Dingen, die sie mitnehmen konnten.

Abtreibungen waren in den Wochen und Monaten nach dem Krieg die Normalität. Die vergewaltigten Frauen gingen ja dann zum Frauenarzt, dort war es natürlich immer wahnsinnig voll. Aber ich kannte eine Frau, die hatte ein kleines Mädchen nach einer Vergewaltigung durch einen Russen bekommen. Ein kleines süßes Mädchen. Sie liebte ihr Kind. Als der Mann zurückkam, nahm auch er das Kind an. Er sagte zu seiner Frau: »Es ist dein Kind – und jetzt auch meins. Ich möchte gar nicht wissen, wie viele russische Kinder von Deutschen es in Russland gibt, und Gott gebe, dass auch sie dort von den Vätern aufgenommen werden.« Kindern taten die Russen nichts, sie liebten sie. Als die Truppen bei uns einzogen, haben sie auf der Straße eine Gulaschkanone aufgestellt, dort erhielten alle Kinder eine Suppe. Ganz anders die Amis: Als sie im Sommer kamen, hatten die Leute in ihren Kantinen den Befehl, alle Reste zu vergraben, sie keinesfalls den Deutschen zu geben. Heimlich hat sie einer dann doch verteilt. Später war es dann auch anders.

Trotz allem fühlten wir uns erlöst nach dem verlorenen Krieg. Man hatte diese Hoffnung, diesen Aufbauwillen. Auch wenn es nichts gab. Ich hatte ziemlich bald wieder in meiner Baufirma angefangen, denn Arbeit gab es dort mehr als genug. Alles war kaputt, und so wurde zwar nichts mehr neu gebaut, dafür aber umso mehr repariert. Ich selbst musste keine Trümmer wegräumen, aber sämtliches Material wurde aus den Trümmern geholt. Die Frauen dort haben Unwahrscheinliches geleistet. Für sie gab es ja sonst auch kaum Arbeit, und so bekamen sie wenigsten eine bessere Lebensmittelkarte.

Die Lebensmittelkarten waren allerdings keine Garantie dafür, etwas zu essen zu bekommen. Oft genug gab es in den Geschäften dafür nichts, weil die Regale leer waren. Und wenn man dann auch nichts zu tauschen hatte – und wer hatte das als junger Mensch –, dann hungerte man. Ich war jung, hatte ein vierjähriges Kind. Mein Mann war Flieger und vermisst, ist es bis heute. Dadurch erhielt ich keine Unterstützung. Auf die Karten kriegte man zu wenig, und so machte man sich überall auf die Suche nach Essbarem. In Zehlendorf gab es keine Brennnesseln mehr, Löwenzahnblättchen wurden rar.

Zum Hamstern bin ich nur einmal gefahren. Auf dem Markt hatten wir schon früher immer von einem Bauern aus Glindow gekauft. Der sagte uns, wir könnten Beeren und Gemüse haben. Wir müssten es nur holen. Das Dorf lag nun in der sowjetisch besetzten Zone, sodass er mit seinen Waren nicht mehr kommen konnte. Mit einem Nachbarn bin ich mit dem Fahrrad los. Wir mussten über den Kanal, ich weiß nicht mehr wo, da war die Brücke nur noch ein Brett. Ich hatte dann einen Korb mit Erdbeeren, Mohrrüben und Kartoffeln hinten im Rucksack. Auf der Rückfahrt in Potsdam plötzlich eine Sperre. Engländer. Ich hatte als Proviant eine geröstete Schwarzbrotstulle dabei. Fragte der Engländer: »Darf ich mal?« Natürlich durfte er. Und dann ging er weg und kam mit einer Dose *ham and eggs* zurück. Positive Erlebnisse gab es eben auch. Einmal war ich zufällig in der Nähe, als die Russen eine Kuh schlachteten. Ich kriegte von ihnen das Euter, hab es dann zu Hause gebraten wie Kotelett – das hat so gut geschmeckt! Ich erinnere mich auch daran, wie sich, als ich auf einer Bank auf jemanden wartete, ein Russe zu mir setzte. Ich fühlte mich sehr unwohl in dieser Situation. Dann fragte er mich in gebrochenem Deutsch, ob ich Kinder hätte, und erzählte von seinen beiden Kindern, wie lang er sie nicht gesehen hatte. Natürlich tat er mir leid, und ich schämte mich ein wenig dafür, dass ich Angst vor ihm gehabt hatte.

Im Juni hatten die Russen Zehlendorf verlassen, fortan waren wir amerikanischer Sektor. In die Villen zogen amerikanische Offiziersfamilien. Mein Sohn freundete sich mit einem amerikanischen Jungen an, und so kam ich mit der Mutter in Kontakt. Sie bat mich, ihren Kindern Deutsch beizubringen, wollte mich dafür mit Reichsmark bezahlen. Ich aber bat sie um Nährmittel für mein Kind. Erstaunt fragte sie, warum ich sie nicht von dem Geld kaufen könne. Als ich ihr sagte, dass es nichts gäbe, war sie überrascht. Sie lud mich auch zur Weihnachtsfeier der Amis ein, dafür sollte ich ein polizeiliches Führungszeugnis vorlegen. Daraufhin sagte ich, nein danke. Ich war nie in der Partei, ich hätte es bringen können. Aber das wollte ich nicht – zu jemandem gehen, der mich nur so einlädt. Wir hatten den Krieg verloren, den Stolz ließ ich mir dennoch nicht nehmen. Die Amerikanerin nahm mir das nicht übel, sie hat mich später noch ins Kino und einmal sogar in die Oper eingeladen. Ausgegangen bin ich aber sehr selten in diesen Jahren, denn ich hatte ja meinen Jungen und ließ ihn ungern allein. Dafür saß die Angst seit dem Krieg viel zu tief, die Angst davor, getrennt zu werden. Ich hatte auch keine Familie in Berlin. Meine Eltern in Schlesien, wo ich geboren wurde und von wo aus ich 1938 nach Berlin gegangen war, sind nach der Flucht in der Nähe von Braunschweig untergekommen. Später hörte ich, wie schlecht es ihnen dort ergangen war. Die Alteingesessenen haben sie als Zigeuner bezeichnet und auch so behandelt. Ich konnte mich damals nicht um sie kümmern. Ich konnte ja nicht weg aus Berlin, denn hier hatte ich meine Aufenthaltsgenehmigung, meine Arbeit und meine Lebensmittelkarte. Das war das Wichtigste damals.

Kapitel 2

Kampf ums tägliche Brot

Das Kriegsende führte keineswegs zu einer Linderung des desaströsen Mangels an Nahrungsmitteln. Nach einer Zeit der Lähmung und des Stillstands waren es nun vor allem die Frauen, die das Überleben der Familien organisierten, Zerstörtes bewohnbar machten und auf oft abenteuerlichen Wegen Lebensmittel beschafften. Der Krieg führte auch zum Zusammenbruch der Lebensmittelversorgung und -verteilung, der Ernährungsbedarf der deutschen Bevölkerung konnte nur noch zur Hälfte aus eigener Produktion gedeckt werden. Nahrungsmittel mussten von den Militärverwaltungen eingeführt werden, doch in Frankreich und England herrschte ebenfalls Mangel – auch dort ein Ergebnis des Krieges.

Von den Lebensmittelrationen, die von den Verwaltungen der einzelnen Besatzungszonen festgelegt wurden, konnten die Menschen nicht satt werden. Um nicht den Hungertod zu sterben, mussten sie das tägliche Brot auf andere Weise beschaffen. Sie fuhren »hamstern« aufs Land, brachten ihr Hab und Gut auf den Schwarzmarkt oder auf Tauschbörsen. Und so manchem, der nach dem Krieg nichts mehr besaß, blieb nichts weiter übrig, als zu stehlen. Als im Hungerwinter 1946/47 das Elend am größten war, ergriff der Kölner Kardinal Josef Frings in seiner Silvesterpredigt Partei für diejenigen, die aus Not gegen das Gesetz verstießen: »Wir leben in Zeiten, da in der Not auch der Einzelne das wird nehmen dürfen, was er zur Erhaltung seines Lebens und seiner Gesundheit notwendig hat, wenn er es auf andere Weise, durch seine Arbeit oder durch Bitten, nicht erlangen kann.« »Fringsen« wurde bald darauf in ganz Deutschland populär.

Nachgerade zu einem Mythos entwickelte sich in dieser Zeit der Begriff CARE. Die bald nach dem Krieg gegründete *Cooperative for American Remittances to Europe* gehörte mit der sogenannten »Schwedenspeisung« vom Schwedischen Roten Kreuz und der »Schweizer Spende« zu den wichtigsten Hilfsorganisationen. Die ersten Carepakete wurden im Sommer 1946 verteilt. Zunächst aus den Depots der US-Armee stammend, schickten bald darauf Bürger in den Vereinigten Staaten über die Organisation Pakete an private Adressen in Deutschland. Sie enthielten meist Büchsenfleisch, Fett in Dosen, Kekse, Marmelade, Kakao, Schokolade, Zigaretten. Auch in der sowjetischen Besatzungszone (SBZ) gab es Spendenpakete, die von der sowjetischen Militärregierung verteilt wurden. Diese *Pajoks* erhielten Funktionäre und ausgewählte Personen. Vor allem aber organisierten ausländische Hilfsorganisationen deutschlandweit Schulspeisungen. Für viele Kinder war dies die einzige warme Mahlzeit am Tag. Dennoch – all diese Spenden glichen dem Tropfen auf dem heißen Stein. Überall im Land hungerten die Menschen weiter, auch als der strenge Winter vorbei war.

In dieser Zeit traten die politischen Spannungen zwischen den Westalliierten und der Sowjetunion bereits deutlich zutage. Um dem befürchteten Vordringen des kommunistischen Systems entgegenzuwirken, wies schon im September 1946 US-Außenminister James F. Byrnes in Stuttgart auf die Notwendigkeit der wirtschaftlichen Einheit Deutschlands hin, auf die Belebung seiner wirtschaftlichen Kräfte sowie die Stärkung der deutschen Selbstverantwortung für Politik und Wirtschaft. Im Mai 1947 unterzeichneten die Militärregierungen der USA und Großbritanniens das Abkommen über die Bildung der Bizone, und im Januar 1948 erfolgte die erste deutsch-alliierte Konferenz über die Neuorganisation der Zweizonenverwaltung. Nur wenige Monate später wurde mit der Währungsreform der Grundstein für eine Normalisierung des Lebens gelegt.

Anstellen für Pferdefleisch, das es ohne Markenzuteilung gab, vor einer Münchner Freibank.

Leben auf Zuteilung

Um die Versorgung der Bevölkerung einigermaßen gewährleisten zu können, war eine Rationierung der Nahrungsmittel unausweichlich. Prinzipiell standen Lebensmittelkarten nur den Personen zu, die auch am Wohnort gemeldet waren. Tauchten hierbei Probleme auf – zum Beispiel bei ehemaligen Evakuierten, denen der Rückzug in die Heimatstadt verweigert wurde –, gab es keine Karten und folglich nichts zu essen: die Lebensmittelkarte als Lebensberechtigungsschein.

Den Rationen zugrunde gelegt wurde der tägliche Kalorienbedarf eines Menschen, woraus sich unterschiedliche Versorgungskategorien ergaben. Einem Schwerarbeiter wurden zum Beispiel 2 200, Kindern 1 300 Kalorien zugestanden. In der SBZ orientierte man sich bei der Kategorisierung am sowjetischen Vorbild, dort bekamen unter anderem auch berühmte Künstler die Schwerarbeiterkarte. In allen vier Besatzungszonen gab es fünf Kategorien von Lebensmittelkarten, wobei die letzte lediglich für 1 130 Kalorien berechnet war. Diese »Hungerkarte«, wie sie allgemein hieß, erhielten »Nichtarbeitende« – Rentner, Kranke, auch ehemalige Nazis und die Hausfrauen, also jene Frauen, die tagtäglich die Hauptlast für ihre Familien in diesen Jahren tragen mussten.

Im Besitz einer Lebensmittelkarte zu sein hieß jedoch nicht, dass man die entsprechenden Waren auch bekam. 1945 funktionierten die Lebensmittellieferungen noch halbwegs, da man vielerorts auf Wehrmachtsbestände zurückgreifen konnte. In den folgenden zwei Jahren aber kam es zu immer größeren Engpässen, sodass die Geschäfte nicht genügend Ware erhielten. War irgendwo eine Lieferung angekündigt, standen die Frauen stundenlang in der Schlange, um wenigstens einen Teil der ihnen zustehenden Lebensmittel zu ergattern. Vielfach gingen sie leer aus, und der Hunger für sie und ihre Familie ging weiter.

Lebensmittelkarten-Kategorien in der SBZ
I für Schwerarbeiter und prominente
    Intellektuelle
II für Arbeiter, Künstler, Ingenieure, Lehrer
III für Angestellte
IV für Kinder
V für die nichtarbeitende Bevölkerung

Neue Lebensmittelkarten

Zu Mittag brachte Fräulein Behn uns die neuen Karten. Die Witwe
Pauli und ich gehören einstweilen zur fünften, niedrigsten Katego-
rie der »sonstigen Bevölkerung«. Ich notiere anhand meiner Karte
die Mengen für einen Tag: 300 Gramm Brot, 400 Gramm Kartoffeln,
20 Gramm Fleisch, 7 Gramm Fett, 30 Gramm Nährmittel, womit
sie Grieß, Graupen, Haferflocken usw. meinen, 15 Gramm Zucker.
Dazu im Monat 100 Gramm Kaffee-Ersatz, 400 Gramm Salz, 20
Gramm echten Tee und 25 Gramm Bohnenkaffee. Zum Vergleich
einige Zahlen der Karte für Schwerarbeiter von Gruppe I, in die
auch »namhafte Künstler« und Techniker, Betriebsleiter, Pfarrer,
Schuldirektoren, Seuchenärzte und Seuchenschwestern eingereiht
sind: 600 Gramm Brot am Tag, 100 Gramm Fleisch, 30 Gramm Fett
und 60 Gramm Nährmittel; und im Monat 100 Gramm Bohnenkaffee. Dazwischen liegen die Karten II für Arbeiter und III für
Angestellte, mit 500 und 400 Gramm Brot am Tag. Bloß die Kartoffeln werden demokratisch gleich auf alle Mägen verteilt. Für Kopf-
arbeiter zweiter Garnitur ist Karte II vorgesehen; vielleicht kann
ich da hineinschlüpfen.

Ein Schloss am Brotkasten

Mein Mann hat dann zwar auch seine Lebensmittelmarken gekriegt. Aber nur Karte V für Arbeitsunfähige, zum Sterben zu viel, zum Leben zu wenig. Da wurde ja nicht gesagt, ach, das ist einer, der aus Gefangenschaft kommt, der braucht nun mal mehr. Für die Behörde war er einer, der konnte nicht arbeiten, also kriegte er weniger. ... Ich bin dann zum Arzt gegangen mit ihm. Der hat zu mir gesagt: »Sie haben doch Kinder. Da müssen Sie sehen, wie Sie Ihren Mann auf den Kinderkarten durchpäppeln.« ... Der Rudi ist dann langsam wieder zu Kräften gekommen. Das war nur möglich, weil wir Frauen in der Familie zusammengehalten und uns für ihn etwas vom Munde abgespart haben. Aber trotzdem musste ich an den Brotkasten ein Schloss machen, damit niemand rangegangen ist und den anderen die Brotration weggegessen hat. Das war schrecklich. Ich seh' noch meinen Mann und meinen jüngsten Sohn, der war ja noch im Wachsen, um den Brotkasten schleichen.

Zum Glück bekam ich zwei Platten Trockengemüse, genannt »Drahtverhau«, und eine Tüte Trockenkartoffeln. Dafür hab ich mir in den Vorgärten vor den Ruinen einen Beutel voll Brennnesseln gezupft. Mit Gier hab ich das Grünzeug verschlungen, hab auch den grünen Kochsud ausgetrunken, fühlte mich richtig aufgefrischt.

Das Stubenhuhn

Viele Leute hatten nach Kriegsende Kaninchen auf dem Balkon, unser Onkel hat sie sogar auf dem Klo untergebracht. In Kreuzberg war das etwas schwierig mit den Kaninchen, es gab wenige Gräben, aus denen man Futter für sie holen konnte. 1944 war mein kleiner Bruder geboren worden, der natürlich kräftige Nahrung in den schweren

Jahren brauchte. Also schafften wir uns ein Huhn an. Das hatte seinen Verschlag in der Stube. Vater hatte ihn hübsch gebaut, mit einem Balkon als Ausguck für das Tier. Manchmal ließen wir es in der Stube herumlaufen, damit es seinen notwendigen Auslauf bekam. Wenn wir ins Grüne fuhren, nahmen wir unser Stubenhuhn mit – das sollte doch auch etwas haben von der schönen Natur. Fast zwei Jahre hat es uns mit frischen Eiern beliefert.

Meine Mutter konnte buchstäblich aus Nichts etwas machen.
Die hat uns Leberwurst gemacht aus Mehl und Majoran und Brotaufstrich aus Hefe und Basilikum. Das war zwar nichts Kräftiges, aber schmeckte gut durch das Gewürz, das sie dafür gesammelt hat. Und aus Kartoffeln hat sie alles Mögliche gemacht: Puffer, sogar Brot und Kuchen wurden mit Kartoffeln gebacken. Und die Kartoffelschalen hat sie mit einem bisschen Mehl zu 'ner ganz guten Soße gekocht. Wenn meine Mutter nicht so erfinderisch gewesen wäre, hätten wir die Jahre bestimmt nicht überstanden. Sie hat für uns Kinder gesammelt und gekocht, selber hat sie meist verzichtet. Am Schluss war sie so unterernährt. Die Mütter haben sich immer geplagt und haben gehungert.

Glücklich, ein Brot ergattert zu haben – oft ging man nach stundenlangem Anstehen leer aus.

Der Zusammenhalt in der schlechten Zeit war ganz wichtig.

Meine Tochter sagt: »Mutter, eigentlich war das die schönste Zeit.«
Man saß eng zusammen in der Küche, weil man nur ein Zimmer
heizen konnte. Und das Licht war ja genauso knapp wie das Heizmaterial. Da saßen wir dann bei einer Kerze, und ich hab vorge-
lesen. Das fanden die Kinder schön. Da hat man auch alles viel mehr
genossen. Weihnachten gab's Erbsensuppe. Die Verwandten haben
Päckchen geschickt, 200-grammweise – mehr war nicht erlaubt –,
Speck und Erbsen. Das war ein Festessen.

Sensationell war die erste Schulspeisung.
Da kam nachmittags halb Kreuzberg und
lungerte herum. Ich habe meinen Topf
genommen und bin mit der Suppe heim zu
Muttern. Die hat die Suppe verlängert, da
konnten mehrere von essen.

Die Mütter waren sehr einfallsreich und mutig.
Auf dem Bahnhof standen Waggons voller Kohlrüben. Und
ehe die ganz schlecht wurden ... Davon ernährte sich die ganze
Siedlung über eine lange Zeit. In einer Baracke lagerte Rhabarber.
Nun gab es tagelang Rhabarber mit Grieß. Bei meiner Freundin
buken sie Knäckebrot aus Kartoffelschalen. Trinkwasser hol-
ten wir aus einem Brunnen am Ende der Straße, Wasser zum
Waschen aus einem Ententeich, der zur Siedlung gehörte.

Rezepte

Rotzfadensuppe
*Geriebene Kartoffeln
in Wasser gekocht
mit Salz.*

Die Zeitschrift Welt der Frau *empfiehlt 1946,
Kuchen zu backen:* An und für sich bin ich der Meinung,
dass die Zutaten den Kuchen machen und dass man keinen backen soll, wenn man keine Zutaten hat. Eine stolze Meinung, die
sicherlich auch ganz richtig ist; aber nur in der Theorie. Denn
praktisch hat man erstens eine Familie, und zweitens hat man in
der Familie Geburtstage, und drittens gibt es Feste und viertens
Besuche, und da man sich noch nicht daran gewöhnen kann,
Gäste mit trockenem Brot zu bewirten oder die Gäste gar auf-
zufordern, ihr trockenes Brot selbst mitzubringen, so schiebt der
Gedanke, Kuchen zu backen, immer wieder einmal sein Haupt in
unseren kulinarischen Gesichtskreis.

Rübenmus

*Rübenschnitzel gekocht,
als Pflaumenmusersatz.*

Plattenrutscher

*Geriebene Kartoffeln, mit Zwiebeln
und Salz gewürzt, wurden einfach auf die sehr heiße Herd-
platte gegeben, da brauchte man
kein Fett.*

Falsche Schlagsahne

*In $\frac{1}{2}$ Liter kochende Milch
lässt man 50 g glatt gerührtes
Mehl einlaufen. Die Masse
wird mit dem Schneebesen
geschlagen, bis sie mehrmals
aufkocht, und dann weiter
geschlagen, bis sie völlig
erkaltet ist. Dann erst süßt
man etwas und häuft sie
in die Schüssel. Dann wird sie
noch mit Zucker überstreut.
(Dabei wird weniger Zucker
verbraucht und den Kindern
wird die Süßung stärker
bewusst.)*

Krafttrunk

*Eine Suppe, die schnell fertig ist.
Man gießt in eine große Tasse
vier Esslöffel kaltes Wasser
und fügt – während man mit
einer Gabel oder einem kleinen
Schneebesen tüchtig schlägt
(denn das Trockenei krümelt
und klumpt gern) – einen leicht
gehäuften Teelöffel Trockenei
zu. Man schlägt weiter und füllt
mit heißem Wasser auf, salzt
leicht, und die Suppe ist fertig.
Schnittlauch verbessert sie
noch. Da wir wenig Brot haben,
ist dieses Getränk auch zum
Morgenfrühstück zu empfehlen,
denn es ist nahrhaft.*

Schrotsuppe

*Durch die Kaffeemühle gedrehte
Getreidekörner von gestoppelten
Ähren wurden gekocht.*

Teekuchen

Weizen- und Maismehl, Natron, Eismilchpulver (oder Zucker), Milchpulver und Eipulver werden trocken vermischt und durch ein Sieb gegeben, eine gekochte und geriebene Kartoffel und zerlassenes Fett dazugetan und alles mit dem nötigen Wasser zu einem geschmeidigen, weichen Teig gerührt, der in einer gefetteten Kastenform bei Mittelhitze gebacken wird.

Kaffeetorte

Mehl und Kaffeesatz vermischt, Backpulver und, wenn wir hatten, Puddingpulver mit Wasser gekocht – als Buttercreme.

Allein nach Augsburg

Elisabeth Knoll, *1932, erlebte das Kriegsende in Salzburg

Ich war eigentlich in Augsburg zu Hause, wo ich 1932 geboren wurde, aber in den letzten Kriegsjahren hatte es mich nach Salzburg verschlagen; nach dem Tod meiner Mutter war ich dort ins Internat gekommen. Noch im Krieg musste ich es allerdings verlassen, da die Gebäude für ein Lazarett gebraucht wurden; ich kam dann bei einer befreundeten Familie in der Nähe unter. In Salzburg erlebte ich auch den Einzug der Amerikaner. Er hat die Salzburger nicht überrascht, man erwartete die Amerikaner ja schon. Wir jungen Mädchen fanden das alles sehr aufregend. Ich erinnere mich noch, wie auf einer großen Wiese vor dem Haus meiner Freundin alle gefangenen deutschen Soldaten von den Amerikanern zusammengetrieben wurden, dort mussten die Männer einfach so auf der nackten Erde kampieren, ohne jede Versorgung. Meine Freundin und ich sind dann hin und haben Wasser an die Leute verteilt. Einige der Männer fragten uns, ob wir ihnen nicht auch Kleidung besorgen könnten, damit sie sich auf den Weg nach Hause machen konnten. Das haben wir dann tatsächlich gemacht. Mit Erlaubnis der Erwachsenen gingen wir an den Schrank der Eltern, nahmen Jacken und Hosen des Vaters heraus und gaben sie den Männern. Hinter einer Baracke dann zogen sie die Uniform aus, Zivilkleidung an und verschwanden. Dass das für uns ernsthafte Probleme hätte bringen können, ist uns gar nicht in den Sinn gekommen. Wir waren ja auch erst 13 und offenbar sehr unbefangen.

Jetzt, da der Krieg zu Ende war, wollte natürlich auch ich zurück zu meinem Vater und meinen drei Brüdern in Augsburg. Ich wusste überhaupt nicht, ob und wie sie den Krieg überlebt hatten. Es gab keine Post, geschweige denn Telefon. Doch auch zu reisen erwies sich als recht schwierig. Österreich schloss gleich nach dem Sieg der Alliierten die Grenzen zu Deutschland – mit Nazideutschland hatte Österreich nun nichts mehr zu tun, und ich durfte das Land nicht verlassen. Zunächst musste ich mich also um eine Ausreisegenehmigung kümmern. Keine einfache Angelegenheit, auf den Ämtern darum zu kämpfen, so ganz allein. Niemand half mir dabei, alle ringsum hatten mit sich selber genug zu tun. Aber ich schaffte es. Als Nächstes bemühte ich mich um Fahrtmöglichkeiten. Über die Grenze fuhren nur ab und zu Güterzüge, und Geld hatte ich auch keines. Ich versuchte es bei »Südkraft«, einem Transportunternehmen, fragte, ob sie auch ins »Reich« fahren würden. Irgendwann klappte es tatsächlich. In einem Lastwagen ging es im Mai 1945 von Salzburg aus über die Grenze nach Deutschland. Während der Fahrt, inmitten eines mir völlig fremden Gebietes, fragte mich plötzlich der Fahrer: »Was machst du denn, wenn ich dich nicht nach Hause fahre?« Mir fuhr der Schreck in alle Glieder. Dass mir jemand Böses wollte, daran hatte ich nie gedacht! Ich merkte zwar bald, dass der Mann einen Scherz mit mir machen wollte – aber bis heute habe ich diese Angst nicht vergessen; niemand wusste ja, wo ich bin, niemand würde mich suchen!

Endlich, nach vielen Stunden, kamen wir in Augsburg an. Meine Heimatstadt – ich erkannte sie nicht wieder. Überall nur Trümmer. Ich fand kaum den Weg, erkannte die Straßen nicht wieder. Wie wohl unser Haus ausschaute? Auf einmal sah ich es. Inmitten von Trümmern erhob es sich. Kaputt zwar, aber es stand noch. Und auch meine Familie war dort! Überglücklich, aber doch auch erschrocken, sah mein Vater mich daherkommen. Da stand plötzlich seine kleine Tochter vor ihm. Statt wohlbehütet in einem Internat, war sie mutterseelenallein im Chaos Nachkriegsdeutschlands unterwegs gewesen. Was hätte ihr nicht alles passieren können! Aber – ich war wieder daheim.

Es folgte eine schwere Zeit, eine Zeit, in der man sich kaum vorstellen konnte, dass es uns irgendwann noch einmal gutgehen würde. Und aus heutiger Sicht muss ich sagen, dass wir froh sein konnten, das Ganze ohne Schaden überstanden zu haben. Man war vor allem damit beschäftigt, irgendwie an Lebensmittel zu kommen, denn Hunger war ein ständiger Begleiter aller. Mein Vater hatte eine Zahnarztpraxis, was für uns von Vorteil war. Er ließ sich die Behandlung sehr oft in Naturalien bezahlen, vor allem von den Bauern aus der Umgebung. Wir Kinder erhielten dann von ihm den Auftrag, den Liter Milch, das Mehl oder die Kartoffeln, die er ausgehandelt hatte, in den Dörfern zu holen. Ich erinnere mich an schreckliche Momente, denn einige wollten davon nichts mehr wissen, ließen mich eine halbe Stunde vor der Tür stehen, bevor sie zum Beispiel den Liter Milch rausrückten. Ich fühlte mich wie ein Bittsteller, wäre am liebsten im Erdboden versunken, empfand es als sehr demütigend – aber wir mussten ja überleben! Einmal organisierte mein Vater 50 Zentner Kartoffeln! Wir aßen sie morgens, mittags, abends. Ab und zu schickten wir Kartoffelkisten an Freunde in Aachen, dazu verpackten wir jede Knolle einzeln in Zeitungspapier. Meine Großmutter, die mit uns im Haus wohnte, hatte einen Schrebergarten und baute auf jedem freien Stück Erde Gemüse an, auch das hat uns geholfen. Und von meiner Tante bekamen wir hin und wieder Zucker und Zigaretten, für die man auf dem Schwarzmarkt die halbe Welt kaufen konnte. Wir rätselten, woher sie diese Dinge wohl hatte, und erfuhren erst jetzt, dass sie während der Nazizeit einen Juden auf dem Dachboden versteckt hatte, der ihr nun solche Kostbarkeiten in Carepaketen schickte. Meine Tante Anna organisierte auch eine lukrative Wäschezentrale. Wer dafür arbeiten durfte, verfügte plötzlich über Währungsreserven, denn für das Waschen und Bügeln ihrer Wäsche und Uniformen zahlten die GIs mit Seife und Schokolade.

Ein anderes Problem war für uns die Kleidung. Aus Vorhängen

wurden Kleider genäht, aus Decken Mäntel, alte Pullover wurden aufgetrennt und neue daraus gestrickt. Schuhe gab es so gut wie gar nicht. Meine Brüder hatten nur ein Paar Schuhe, eines für alle drei. Zwei mussten also immer barfuß gehen. Das wechselte dann, denn wenn sie dem einen zu klein wurden, war der Nächste glücklicher Besitzer. 1946 hatte ich Konfirmation, dafür bekamen wir Mädchen alle das gleiche schwarze Kleid.

Schule machte man mal so nebenbei, ich besuchte ein Jahr die höhere Schule, dann eine kaufmännische Privatschule, und schließlich begann ich eine Dentistenausbildung bei meinem Vater. Allerdings stand mein Examen auf der Kippe, da mich Haushaltspflichten, Lebensmittelbeschaffung etc. viel stärker beanspruchten als die Schule. Ich wurde deshalb in eine andere Praxis geschickt. Allerdings waren meine Mühen umsonst. Als mein Vater 1950 starb, erhielt ich keine Genehmigung mehr, weiterzumachen, da die Kriegsheimkehrer nun in der weiteren Ausbildung bevorzugt wurden. So blieb ich Zahntechnikerin bis zu meiner Verheiratung 1955.

Erinnerungen von Elisabeths ältestem Bruder Karl:

Sympathiegewinn durch Suppendosen

Warmes Essen aus unglaublich tollen Dosen! Die [gemeint sind die Amerikaner] haben eine echte Hühnersuppe – auch aus Dosen, die uns Buben faszinieren. Haben sie doch in der Mitte einen Brandeinsatz, der, einmal gezündet, den Inhalt erwärmt und zum Schluss den Deckel absprengt! Das Weltbild verschiebt sich zwar noch unklar, aber zunehmend! Es gibt Unglaubliches:

· Milchpulver aus Dosen, das man wie Brausepulver in der hohlen Hand schlecken kann und mit Wasser versetzt echte Milch wird;
· Eipulver aus Dosen, angerührt mit Wasser, und in der Pfanne wird es zum köstlichsten Rührei – und wir dürfen uns satt essen!
· Frühstücksdosen mit echtem Kaffee, mit gepressten süßen Haferflocken – sogar mit Zigaretten!
· Dosen für alles – nur öffnen, wärmen, unvorstellbare Genüsse: Suppen, Fleisch, Wurst!

Diese Dosen! Überzeugender kann die Überlegenheit dieser Fremden unser Weltbild nicht ändern.

Auf Hamstertour

Um nicht zu verhungern, mussten die Menschen sehen, wo sie Essbares über die Zuteilungen hinaus bekommen konnten. Aus den Städten gingen sie aufs Land, um bei den Bauern Lebensmittel einzutauschen. Alle wertvollen Dinge, die man noch besaß, wurden dafür geopfert. Für einen erfolgreichen Tauschhandel fuhr man so weit wie möglich, da in unmittelbarer Umgebung der Städte die Bauern förmlich überrannt wurden und nichts mehr hergaben. Die Züge – man nannte sie »Kartoffelzug«, »Kalorienexpress« oder »Obstzug« – waren hoffnungslos überfüllt, doch niemand ließ sich davon abhalten. Auch nicht von Razzien, die

Unsere Mutter ist auch hamstern gegangen, mich hat sie dazu nicht mitgenommen, weil ich immer gleich losgeschimpft habe, wenn die Bauern bösartig waren. Sie ging von Wien bis in die Wachau und an die böhmische Grenze – und das alles zu Fuß.

auf den Bahnhöfen immer wieder durchgeführt wurden und bei denen dann das gerade mühsam Erworbene wieder verloren ging. Besonders in der SBZ wurde das Hamstern bekämpft, da die Bauern mit ihren Erzeugnissen bevorzugt auf diesem Wege handelten und dadurch oft genug das von den Behörden festgelegte Abgabesoll nicht erfüllten. Dies wiederum hatte zur Folge, dass die Lebensmittellieferungen für die Bevölkerung geringer ausfielen als vorgesehen. In den westlichen Besatzungszonen, vor allem in der amerikanischen Zone, ging man ab 1946, als die Versorgung sich zunehmend verschlechterte, eher milde mit den Hamsterern um. In der SBZ entschloss man sich 1947, als eine Maßnahme gegen den Hunger, zur Abschaffung der Karte V.

Wir haben oft Kartoffeln gestoppelt – oder auch irgendwie erschachert. *In völlig überfüllten Zügen fuhren wir zurück, auf Trittbrettern, zum Teil die Säcke mit Kartoffeln auf dem Rücken oder festgeklammert zwischen den Füßen. Bei Wünsdorf machte der Zug eine ziemlich enge Kurve und musste daher sehr langsam fahren. Findige Leute haben das spitzgekriegt und für eine Gemeinheit genutzt. Sie haben scharfe Messer an Stangen befestigt und die Säcke, die sie bei den Bahnfahrern draußen erwischen konnten, aufgeschlitzt. So fielen doch viele der mühsam zusammengestoppelten Erdfrüchte heraus, und die miesen Typen brauchten sie nur aufzusammeln.*

»Sie sind zu gut!«

Wenn alles nichts mehr nutzte, sagte meine Mutter, ich müsse wieder einmal meine Kunst ausüben. Dann ließ ich in ländlichen Gegenden durch Vetter Hans verbreiten, trotz meiner Jugend schon eine berühmte Handleserin zu sein. Zwar hatte ich von der Bedeutung, die den Linien auf der Innenfläche unserer Hände zugeschrieben wird, keine Ahnung, doch kannte ich die allgemein gehaltenen Prophezeiungen der Kartenlegerinnen. Sie sagten bevorstehende Veränderungen, unerwartete Bekanntschaften, eine »lange Reise über einen kurzen Weg« und derlei mehr voraus. Meine Weissagungen klangen ähnlich. ... Kopfschütteln und Zweifel in den Augen ließen mich auf anderes kommen. Und jetzt der Höhepunkt! Bedenklichkeit nun meinerseits: »Darf ich ganz offen sein?« – »Gewiss! Gewiss!« – »Wirklich ganz, ganz offen? – »Nur zu! Nur zu!« – »Nun dann! Sie haben einen großen Fehler, der Ihnen im Leben noch oft zu schaffen machen wird!« – »So? Was soll das denn sein?« – »Sie sind zu gut!« Das war der Clou! Endlich ein Mensch, der die reine Wahrheit, wie sie in der Hand geschrieben stand, erkannte und sie auszusprechen wagte. Eine Wahrheit, für die auch die raffgierigste Bauersfrau mit Griebenschmalz, Butter oder Speck bezahlte.

Ich bin öfter losgezogen mit dem Zug. Und da hab' ich beim Bauern sauber gemacht und das Geschirr von acht Tagen abgewaschen und hab dafür ein bisschen Obst gekriegt oder Kartoffeln.

Frauen beim Kartoffelnsammeln auf einem abgeernteten Feld.

Schwarzmarkt

Was auf Zuteilung nicht zu bekommen war, gab es auf dem Schwarzmarkt. Allerdings zu immens hohen Preisen, die für die meisten Menschen nicht bezahlbar waren. Trotzdem nutzte fast jeder den Schwarzmarkt; in München waren es schätzungsweise 85 Prozent der Bevölkerung. München und Berlin galten als das Eldorado für Schwarzhändler, da vor allem hier Waren der Amerikaner gehandelt wurden und die Besatzer selbst lukrative Geschäfte machten. Für die begehrten Ami-Zigaretten erhandelten sie gern hochwertige technische Geräte wie zum Beispiel Fotoapparate. Deutsche Familien, die ihre Brotration aufbessern wollten, tauschten oft ihr letztes Hab und Gut, um an amerikanische Zigaretten zu kommen, denn als Zahlungsmittel waren sie begehrter als die Reichsmark. Den illegalen Geschäften versuchten die Ordnungsorgane durch Razzien beizukommen, bei denen die Waren konfisziert wurden. Händler und Schieber erhielten hohe Strafen. Erst im Sommer 1948, als es nach der Währungsreform in den Geschäften wieder genügend zu kaufen gab, lösten sich die Schwarzmärkte auf.

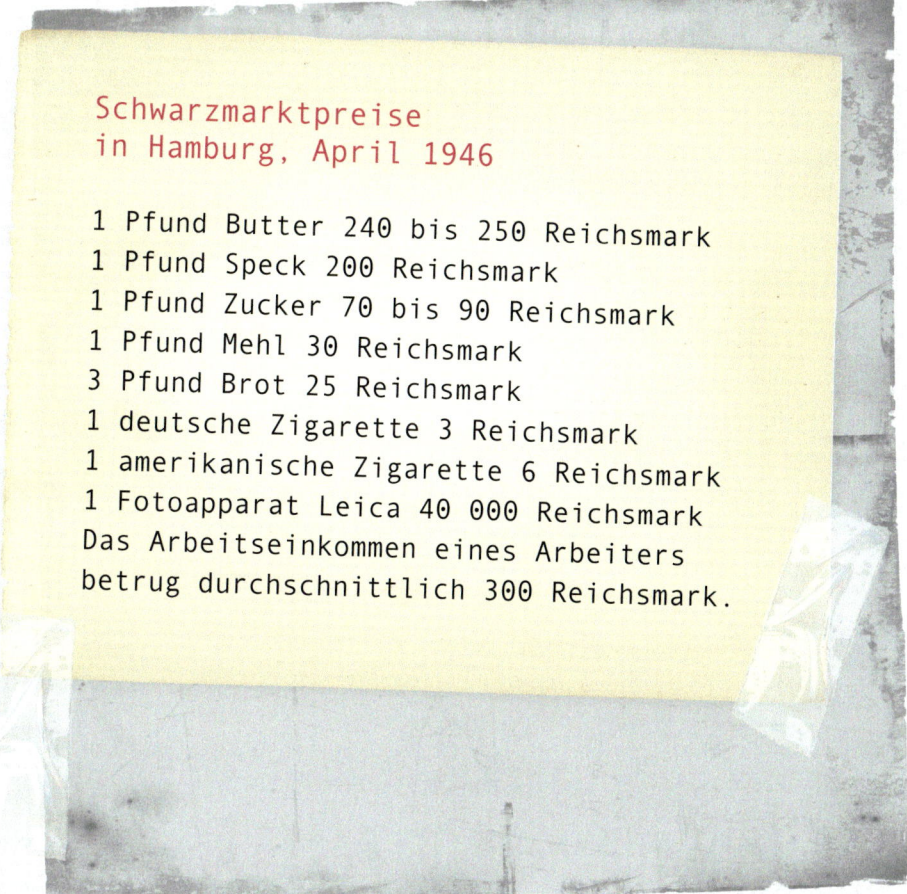

Schwarzmarktpreise in Hamburg, April 1946

1 Pfund Butter 240 bis 250 Reichsmark
1 Pfund Speck 200 Reichsmark
1 Pfund Zucker 70 bis 90 Reichsmark
1 Pfund Mehl 30 Reichsmark
3 Pfund Brot 25 Reichsmark
1 deutsche Zigarette 3 Reichsmark
1 amerikanische Zigarette 6 Reichsmark
1 Fotoapparat Leica 40 000 Reichsmark
Das Arbeitseinkommen eines Arbeiters betrug durchschnittlich 300 Reichsmark.

Schieb hin, schieb her

... war damals die Devise. Wenn einer
Verbindungen hatte, dann war das was.
Na, und da hab ich mich auf meine Verbindungen zu Seifenmitteln besonnen. Ich war
ja vor dem Krieg in dieser Seifenfabrik.
Und Seifenmittel waren damals eine
besonders gefragte Sache. Da hab ich
verschiedene krumme Geschäfte gemacht
mit 'nem Kohlenfritze. Der hat von mir
Seifenmittel gekriegt, und wir von
ihm Briketts.

Wir taten, was damals üblich war: Wir klauten.

Lebensmittelkarten aus einem verlassenen Gemeinde-
amt, eine graue Soldatendecke von einem kanadi-
schen Jeep, Obst aus Bauerngärten. Wir schnorrten,
Haus für Haus ablaufend! »Hätten Sie wohl einen
Mittagsrest für uns?«, »Könnten wir in Ihrer Scheune
übernachten?« Wir arbeiteten als Reinigungskräfte
in Alliierten-Unterkünften, als Hauspersonal in russischen Familien und auf deutschen Höfen nur für die
Verpflegung und 40 Pfennige pro Tag. Wir tauschten! Für ein Päckchen russischen Tabak gab es eine
D-Zug-Zuschlagkarte.

*Wer mit den Rationen eines »Normalverbrauchers«
auskommen soll,* wer weder auf dem Lande und von der Land-
wirtschaft lebt noch das »Vitamin B«, seine Beziehungen zu Bauern,
Bäckermeistern oder Behörden, einsetzen kann, der muss mühsame
Hamsterfahrten übernehmen, forttauschen, was er noch hat, oder
riskante Spiele spielen bei dem Versuch, auf dem schwarzen Markt
etwas zu ergattern. Das Geld ist kaum mehr etwas wert; die wirk-
liche Währung heißt jetzt »Chesterfield« oder »Lucky Strike«.

*Waltraut Spychala (rechts) mit Freundinnen
an ihrem 18. Geburtstag.*

Mit dem Handwagen
raus aus der Stadt

Waltraut Spychala, *1928,
erlebte das Kriegsende in Bautzen

Nach den großen Ferien im September 1944, ich war in der
zehnten Klasse, wurden die oberen Klassen unserer Schule
zum Kriegsdienst eingesetzt. Wir bekamen die mittlere Reife ohne
Prüfung und mussten zunächst in die etwa 25 Kilometer entfernte
Munitionsfabrik Königswartha. In der Kälte luden wir die von der
Front kommenden Kisten mit leeren Patronenhülsen aus, damit sie
wiederverwendet werden konnten. Im Januar 1945 kamen die ersten
großen Flüchtlingsströme aus dem Osten durch Bautzen, und wir
Mädchen wurden für den Bahnhofsdienst eingeteilt. Wir versorgten
die Flüchtlinge mit heißem Tee und kümmerten uns um sie, wenn sie
in den hergerichteten Notquartieren übernachteten. Am Tag darauf
fuhren die Züge weiter nach Dresden. Ich machte auch am 13. Feb-

ruar Dienst, dem Tag des verheerenden Großangriffs auf die Stadt. All die Menschen, die wir in der Nacht zuvor betreut hatten, die Frauen und die Kinder, die wir kennengelernt hatten, mit denen wir sprachen, die wir im Arm hielten, sind in dieser Nacht in Dresden verbrannt. Das alles konnten wir nur schwer begreifen. Von Bautzen aus sah man den leuchtenden Himmel, rot gefärbt vom brennenden Dresden, die ganze Nacht. Viele von uns hatten ja Familie und Freunde in Dresden.

Eine Woche nach den furchtbaren Bombenangriffen machten meine Freundin Erika und ich uns auf den Weg nach Dresden; sie wollte nach ihrer Arbeitsstelle sehen, ich nach unseren Verwandten. Per Anhalter kamen wir bis an den Stadtrand, gingen nach Blasewitz und liefen dann nach Dresden-Plauen. Es war ja keine Stadt mehr, keine Straßen fanden wir wieder – nur Trümmerberge, aus denen noch der Rauch aufstieg. Und überall lagen Leichen. In einer Woche hatten sie ja längst nicht alles wegräumen können. In Plauen angekommen, welch ein Wunder, stand das Haus meiner Cousine Hanni und ihrer Eltern noch. Aber die eine Außenwand war weg. Von unten sahen wir jetzt in alle Räume, in das Schlafzimmer von meiner Tante und meinem Onkel, das Wohnzimmer – alles war offen, alles konnte man sehen. Das sind Augenblicke, die vergisst man nicht. An der Tür lasen wir: »Wir leben alle, wir sind in Klein-Opitz.« Das war eine Freude!

Es dauerte einige Stunden, ehe wir wieder in Blasewitz ankamen. Hungrig und erschöpft. Wir waren so abgestumpft inzwischen, dass wir uns auf eine Bank setzten und unser Brot aßen. Nach allem, was wir an diesem Tag gesehen hatten! Wir haben es ausgeblendet, waren nur erschöpft. So etwas kann man sich heute nicht mehr vorstellen.

Ende April 1945, als die Rote Armee vor Bautzen stand, wurde die Stadt zur Festung erklärt. Meine Mutter ist mit mir und einem kleinen Handwagen los, zu meiner Tante in Böhmisch-Leipa (Ceská Lípa). Als nach der Kapitulation dann irgendwann wieder Züge fuhren, versuchten wir zurückzukommen. Die letzten 20 Kilometer ging es dann zu Fuß mit unserm bisschen Geretteten. Dabei trafen wir auf Leute, die aus Bautzen kamen. Sie hatten Schreckliches durchgemacht, hatten die Schlachten um die Stadt in den letzten Apriltagen unmittelbar erleben müssen. Bautzen ist erst während der Endkämpfe kaputtgegangen. Als wir sie nach unserem Haus fragten – das befand sich am Rande der Stadt, auf einem Fabrikgelände mit einem wunderschönen großen Garten, hörten wir nur: »Ach, das ist alles abgebrannt.« Das zu hören war schrecklich für meine Mutter und mich. Wir wollten das alles nicht glauben und zogen voller Angst weiter. Als wir aber über den Berg kamen, sah ich das Dach unseres Wohnhauses. Das war erst einmal eine große Erleichterung. Im Keller hatte es gebrannt, heimziehende Polen hätten dort Feuer gelegt, hieß es. Aber die Mauern standen noch, denn es war ein sehr stabiles altes Gebäude mit einem Gewölbekeller. Brandspuren gab es überall, noch Jahrzehnte später sah man sie. Im Haus sah es wüst aus. Wie man uns erzählte, kampierten in unserer Wohnung eine Woche lang Russen, im Klavier und im Bücherregal entdeckten wir Einschüsse, das Grammofon lag im Garten, rundherum zertretene Schallplatten, Betten fanden wir irgendwo in der Umgebung wieder, in der Küche bedeckte eine etwa 20 Zentimeter hohe ausgetrocknete Schicht von Abfällen den Boden, und im Keller war alles hin, was wir vor unserer Flucht hinuntergeschafft hatten; auch die 150 Gläser Eingekochtes, alles nur noch Matsch. Das war natürlich besonders bitter, da es ja kaum etwas zu essen gab. Im Keller stießen wir auf einen Stapel Bettwäsche, die in der Mitte vom Feuer verschont geblieben war. Meine Mutter hat dann aus den Resten Servietten, Handtücher etc. genäht. Man war ja froh über jedes Stück Stoff. Geschützt in einer Nische, entdeckten wir auch noch Geschirr, zwar mit Brandspuren, aber ganz. Ich hab es bis heute aufgehoben und auch meinen Kindern und den Enkeln gezeigt. Sie sollten wissen, wie es damals gewesen ist.

In den ersten Jahren nach dem Krieg haben wir sehr karg gelebt, oft auch gehungert. Aber das war damals normal. Im Sommer ging es noch, in unserem großen Garten gab es Obst und Gemüse, das wir gegen Zucker oder Mehl tauschten. Leider kannten wir niemanden aus den umliegenden Dörfern; im Winter versuchten wir einmal, bei dem Bauern etwas zu bekommen, von dem wir früher unsere Kartoffeln bezogen. In seinem Haus roch es nach Speck und Bratkartoffeln, doch er sagte zu uns: »Nee, wir haben selber nischt, wir können Ihnen nischt geben.« Seiner Frau haben wir offenbar leidgetan, beim Rausgehen steckte sie uns dann heimlich drei Eier und sechs Kartoffeln zu. In der Schule bekamen wir jeden Tag ein dunkles kleines Brötchen von der Stadt – wie haben wir uns deshalb auf die große Pause gefreut!

Im Juni 1945 ist auch mein Freund Peter wieder aufgetaucht, der nach der Kapitulation aus dem Lazarett abgehauen und bei Verwandten geblieben war. Im Januar 1946 wurde er dann plötzlich abgeholt, jemand hatte ihn denunziert, weil er Jungstammführer war. Wir nahmen das erst einmal alle nicht so ernst, dachten, er würde nach ein paar Tagen sicher wiederkommen – erst nach sechseinhalb Jahren kam er zurück aus Sibirien. Als er verhaftet wurde, war er gerade siebzehn!

1947 machte ich das Abitur, und das Schönste daran war der Abiturball. Ein langes Kleid musste unbedingt sein – aber woher den Stoff nehmen? Es gab ja nichts! Über Bekannte kriegten wir dann Fallschirmseide. Sie wurde dunkelblau gefärbt, und daraus bekam ich dann ein wunderschönes Kleid genäht. Trotz Mangel – schön angezogen wollten wir dennoch sein. Und Urlaub haben wir auch schon wieder gemacht. Im Sommer 1947 fuhr ich mit einigen Freundinnen für zwei Wochen nach Warnemünde. Anschließend arbeitete ich in einem Rechtsanwaltsbüro, aber nicht sehr lange, denn mein Chef flüchtete schon nach zwei Jahren in die Westzonen. Meine Mutter wurde in dieser Zeit schwer krank, und so erhielt ich vom Arbeitsamt für ihre Betreuung eine Freistellung. Geld bekam ich dafür keines, aber wir hatten ja den großen Garten, der uns ernährte. Im Jahr 1952 kam mein Freund Peter aus dem Lager, bald darauf heirateten wir.

Wenn ich heute zurückdenke – es war eine merkwürdige Zeit, Leid und die Neugier auf das Leben lagen so dicht beieinander. Wir Jungen, wir haben mit der Angst und den Entbehrungen leben können, haben es abgeschüttelt. Ganz anders als unsere Eltern.

Kapitel 3

Überleben in Ruinen

Ich erinnere mich nicht, je wieder so viel Energie, Überlebenswillen und Neugier auf ein neues Leben aufgebracht zu haben wie in jenen ersten beiden Nachkriegsjahren. Auch nicht so viel List und Lust zu täuschen, Hartnäckigkeit und Fantasie, Ausdauer und Berechnung. Unser Leben bestand hauptsächlich in der tagausfüllenden Beschaffung von Brot und Salz, von Tee-Tabletten, Mehl und Kartoffeln und von dem Kampf gegen Kopfläuse. Wie zu einer Nadel und zu einem Faden kommen, zu Schnürsenkeln und einem Gummiband?«

Dieses Zitat aus der Autobiografie Carola Sterns lässt uns nachempfinden, wie sehr die Jahre nach 1945 trotz der immensen Schwierigkeiten vom Willen zu überleben und der Sehnsucht nach einer besseren Welt geprägt waren.

Die Zeiten waren schlecht. Die Menschen hungerten, und viele fristeten unter menschenunwürdigen Bedingungen ihr Dasein. 40 Prozent aller Wohnungen in Deutschland waren zerstört. Diejenigen, die dort einst zu Hause waren, suchten ein Unterkommen – irgendwo. So wie die Millionen Flüchtlinge und Vertriebenen. Es sollte Jahre dauern, bis der Bedarf an Wohnungen in Deutschland einigermaßen gedeckt sein würde; noch lange lebten die Menschen in Notquartieren und in einer heute kaum vorstellbaren Enge.

Aus den Ruinen sollte Neues entstehen, und das ging nur mit den Frauen. Sie ersetzten die Männer, die im Krieg geblieben waren. Gleich nach der Übernahme der Regierungsgewalt durch die Alliierten wurde die gesamte Bevölkerung im arbeitsfähigen Alter zum Schuttwegräumen herangezogen, und auch in den folgenden Jahren schickte man die Frauen vorrangig ins Baugewerbe, darüber hinaus in Fabriken, ja sogar zur Kohleförderung. Frauen, die nicht zur Arbeit verpflichtet werden konnten, weil sie zum Beispiel ihre Kinder versorgen mussten, versuchten, die »schlechten« Lebensmittelkarten, die sie als »Nichttätige« erhielten, auf andere Art auszugleichen. Zum Beispiel durch Heimarbeit, die von zerstörten Produktionsstätten und Handwerksbetrieben organisiert wurde.

Die Frauen litten unter den harten Arbeitsbedingungen, dennoch wurden diese weitestgehend akzeptiert, ja manche von ihnen gingen auch freiwillig auf den Bau – wer sollte denn das Land wieder aufbauen, wenn nicht sie? Es musste doch eine Zukunft geben! Vor allem die Jüngeren trotzten den Verhältnissen und suchten nach Wegen, die Vergangenheit hinter sich zu lassen. Nachdem sie im letzten Kriegsjahr die höheren Schulen und Universitäten verlassen mussten, lernten sie nun wieder; an der Berliner Universität studierten im Herbst 1946 bereits wieder 1508 Frauen – gegenüber 1718 Männern. 1939 waren es dort nur 1000 weibliche Studenten gegenüber 12 000 männlichen gewesen!

Anderen Frauen wiederum gelang es gegen alle Widrigkeiten, sich eine neue Existenz aufzubauen. Vor allem die Schneiderei boomte. In den Geschäften gab es weder Schuhe noch Kleidung, und so waren die Frauen froh, wenn sie aus dem wenigen, was sie noch besaßen, dringend notwendige Sachen für sich und ihre Kinder bekommen konnten. Mit viel Fantasie wurde so manches schicke Kleid aus alten Stoffresten gezaubert. Als im Juni 1946 die Münchener Meisterschule für Mode ihre erste Nachkriegsmodenschau zeigte, erregte das allerdings noch einige Diskussionen in der Öffentlichkeit. In einer Zeit unsagbarer Not, wo Tausende so gut wie nichts anzuziehen hätten, sei dies der reinste Hohn – so die Kritiker. Dennoch, die Frauen wollten auch wieder schön sein, sehnten sich nach einem leichteren, unbeschwerten Leben nach entbehrungsreicher Zeit.

*Nach 1949 kampierte diese Flüchtlingsfamilie
am Stadtrand von Duisburg.*

Leben im Notquartier

Ein Großteil der deutschen Städte hatte sich 1945 in Trümmer-
landschaften verwandelt. Heute ist es kaum vorstellbar, dass
dort noch Menschen lebten. Zum Beispiel waren in Köln 70 Prozent
des Wohnraums zerstört, in Würzburg fast 75, in Dortmund etwa
65 Prozent. Neben der Versorgung mit Nahrungsmitteln war die Be-
reitstellung von Wohnraum das größte Problem der Nachkriegszeit.
Ausgebombte, Evakuierte, entlassene Kriegsgefangene, Flüchtlinge
und Vertriebene – sie alle suchten ein Dach über dem Kopf. Über
die zerstörten Städte verhängte man Zuzugssperren, diese betrafen
auch Evakuierte, die ihre Wohnungen während des Krieges verlassen hatten und nun nicht mehr dahin zurückkonnten. Längst
wohnten andere dort. Den Ämtern blieb nichts weiter übrig, als den
Mangel zu verwalten. Jeder nutzbare Quadratmeter wurde belegt.
In ehemaligen Bunkern, Kasernen, Baracken richtete man behelfs-

mäßige Unterkünfte ein, auf dem Lande baute man Ställe und Scheunen zu Notquartieren aus. Leicht beschädigte und noch nutzbare Wohnungen wurden mit mehreren Familien belegt, oft zwangsweise. Es war lange Zeit üblich, dass sich zwei bis drei Familien eine Küche teilen mussten. Bis sich die Wohnungssituation in Deutschland wieder einigermaßen normalisierte, vergingen mehrere Jahre. Noch Mitte der Fünfzigerjahre lebten die Menschen vielfach in äußerst beengten Verhältnissen.

Zuzug für eine Flasche Schnaps

Nach einigen Wochen entschied ich mich, zu Onkel Karl und Tante Lisbeth nach Westberlin zu ziehen und dort mithilfe einiger Flaschen Schnaps mein Glück zu suchen. Ohne Schnaps, so hatte der Onkel mir mitgeteilt, sei an eine Zuzugsgenehmigung nicht zu denken; Tausende bemühten sich vergeblich um dieses Stück Papier. Ich hingegen füllte nach meiner Ankunft die erforderlichen Formulare aus und überreichte sie, dem Rat des Onkels folgend, zusammen mit der aus Thüringen mitgebrachten und dezent verpackten Nordhäuser Originalabfüllung dem zuständigen Herrn im Rathaus Tempelhof. Kaum merklich mit dem Kopf nickend und ohne weitere Fragen, erteilte er die begehrte Genehmigung.

Unser Haus war stark beschädigt, aber trotzdem war es irgendwie noch möglich, darin zu wohnen. Stiegen gab es keine mehr, mit Brettern, die wir aufgesammelt hatten, kamen wir ins Haus. Es gab kein Wasser mehr. Notdürftige Körperpflege und Waschen der Kleider und Windeln, das alles machten wir beim Hydranten in der Nähe unseres Hauses. Die Zeit war nicht schön, aber man hat sich immer sagen müssen: »Wir kommen durch.« Eines Tages sind vom Tierpark Schönbrunn die Vögel ausgeflogen. Das war ein Anblick: Adler und Geier saßen auf den Fensterbrettern und Dächern und schauten zu uns herein. Es war beeindruckend und hat uns zeitweise fröhlich gestimmt.

Ein Raum für eine fünfköpfige Familie. Man war froh, überhaupt untergekommen zu sein.

Überall hörte man Hämmern und Klopfen

- es waren nicht immer fachmännische Versuche, ein bescheidenes Zuhause zu zimmern. Mit Holzlatten, Dachziegeln und Backsteinen, die die Menschen aus beschädigten Häusern »mitgehen« ließen und unter Aufbietung letzter Kräfte heranschleppten, vernagelten sie Fenster, richteten Türen wieder auf, dichteten Wände und Dächer ab. Da die Männer meist noch in Kriegsgefangenschaft waren, entwickelten Frauen und junge Mädchen dafür ungeahnte Energien.

Auf der Suche
nach den Angehörigen

Der Krieg hatte viele Familien auseinandergerissen. In der Hoffnung, dass ihre Angehörigen noch leben, begann nach dem Ende des Krieges tausendfach eine verzweifelte Suche: Mütter, deren Kinder im letzten Kriegsjahr evakuiert waren, Flüchtlinge, die sich auf der Flucht aus den Augen verloren hatten, Soldaten, die nach der Rückkehr nur noch ein zerbombtes Haus vorfanden; jeder vierte Bewohner Deutschlands suchte damals einen oder mehrere vermisste

Angehörige. An Häuserwänden, Anschlagtafeln, auf Bahnhöfen, in Flüchtlingslagern – überall hingen Zettel mit ihren Namen. Sowohl Kommunen als auch Wohlfahrtsverbände stellten Suchkarteien auf, die in der Folgezeit zu einer zentralen Kartei des Roten Kreuzes mit Sitz in München zusammengeführt wurden. Bis noch weit in die Fünfzigerjahre hinein wurden die Suchmeldungen veröffentlicht, etwa 7 Millionen Menschen konnten so wieder zusammenfinden. Ein besonderes Problem waren die Kinder, die auf der Flucht verloren gegangen waren, denn viele von ihnen waren noch zu klein, um ihren Namen nennen zu können. Hier halfen Fotografien und Filme. Nach einer Anregung von Erich Kästner nahm sich 1946 der »Augenzeuge«, die DEFA-Wochenschau in der SBZ, dieses Problems an. Die Kameraleute filmten die elternlosen Kinder, die dann in allen Kinos zu sehen waren. Bis 1949 war dieser Kindersuchdienst Bestandteil des »Augenzeugen«.

Die Ufa-Schauspielerin Marianne Hoppe lebte nach dem Krieg in Berlin und hatte sich spontan entschlossen, sich in der Flüchtlingsbetreuung zu engagieren. In ihrem Bekanntenkreis sammelte sie Spenden, und sie arbeitete in einem Flüchtlingslager am Lehrter Bahnhof, von früh um acht Uhr bis spätabends. Diese körperliche und seelisch anstrengende Tätigkeit hatte für sie auch glückliche Momente: Einmal gelang es mir, eine Mutter und ihren Sohn, die sich auf der Flucht verloren hatten, wieder zusammenzubringen. Der Junge war mehrere Tage vor seiner Mutter ins Lager gekommen. Und als die Frau nun auch bei uns eine Schlafstelle zugewiesen bekam, fiel mir ihr Name auf. Der kleine Bengel, mit dem ich kurz zuvor gespielt hatte, hatte doch genauso geheißen. Ich habe dann die Frau zu diesem Jungen geführt, und die beiden sind sich in die Arme gefallen.

Nachbar war das amerikanische Hauptquartier

Liselotte Maier, *1927,
erlebte das Kriegsende in Frankfurt am Main

Wir blieben während der Bombenangriffe in Frankfurt, wo ich auch 1927 geboren wurde. So konnten wir unser Haus im Frankfurter Westend vor der vollständigen Zerstörung retten. Während des großen Luftangriffs im Jahr 1944, bei dem die gesamte Innenstadt zerstört wurde, fielen auf unser Haus Phosphorbomben. Zwölf Tage und Nächte loderten die Flammen auf dem Dachboden, die von uns jedes Mal von Neuem erstickt werden mussten. Ehe wir uns ein Notdach mit »Bezugsscheinen« leisten konnten, vergingen vier Jahre. Immer wenn es in dieser Zeit stark regnete, gewitterte oder schneite, tags oder nachts, mussten wir nach oben eilen, um das stehende Wasser vom Fußboden durch Löcher in der Sandsteinfassade zu fegen. Es hat sich gelohnt. Wir wohnen heute noch in unserem Haus, das 2010 hundert Jahre in Familienbesitz ist.

Als die Amerikaner Frankfurt eroberten und der Krieg bald zu Ende war, beschlagnahmten sie in weitem Radius um ihr späteres

US-Hauptquartier im unzerstörten IG-Verwaltungsgebäude einen Teil vom nördlichen Westend und das wenig zerstörte Holzhausen-Viertel. Innerhalb von zwei Stunden mussten alle Bewohner aus den Häusern, durften nur mitnehmen, was sie tragen konnten. Es war schrecklich, denn niemand hat sie aufnehmen wollen oder können. Die Stadt war überbelegt mit Flüchtlingen und Ausgebombten. Wir hatten großes Glück, die Feldbergstraße bildete die Grenze, unsere Seite blieb verschont, das Trottoir blieb frei. Die Fahrstraße wurde amerikanisches, hochbewachtes Sperrgebiet, durch einen Stacheldraht abgetrennt.

In unserer Familie war es in dieser ersten Nachkriegszeit ganz schlecht mit der Esserei. Wir bekamen sehr geringe Zuteilungen und hatten nur »Gemüsebeziehungen«. Mein Vater, der als Studienrat zwangsläufig der NSDAP angehören musste, wurde als »Mitläufer« eingestuft und durfte bis zum Abschluss des Verfahrens nicht an der Schule arbeiten, unsere Konten wurden gesperrt. In der Not machte er ein Schild ans Haus: »Unterricht in Englisch und Deutsch«. Es meldeten sich vor allem einige amerikanische Armeeangehörige, die gern mit Zigaretten bezahlten. Die sparte mein Vater für unseren Dachaufbau. Ab Dezember 1945 musste ich wieder täglich nach Offenbach zum Abiturkurs, denn mein »Notabitur« von 1944 wurde zum Studium nicht anerkannt. Die Straßenbahnen diesseits und jenseits des Mains fuhren wieder, aber dazwischen musste man zu Fuß auf einer Pontonbrücke über den Fluss. In der Schule lernte ich meinen späteren Mann kennen, mit dem ich nun 60 Jahre verheiratet bin. Er belegte ebenfalls den Abiturkurs, nachdem er fünf Jahre im Krieg gewesen war. Ich erinnere noch, wie ich ihn eines Tages fragte: »Musst du nicht auch dauernd deine Spucke runterschlucken? Ich habe so einen Hunger, dass ich dauernd schlucken muss.« Er allerdings kannte das nicht, denn, wie er meinte, ging seine Mutter immer in die Kaiserstraße zur Tauschbörse der Amerikaner, um Fett und Speck einzutauschen. Das hielt wohl vor! Anders als meine Mutter, konnte sie sich trennen von ihrem Porzellan und anderen schönen Dingen. Wir haben sehr gehungert bis zur Währungsreform.

Für die Englischstunden erwärmte im Winter ein alter Ofen notdürftig das vier Meter hohe Wohnzimmer. Die übrigen Räume waren eiskalt, die Zentralheizung zerstört, und Heizmaterial gab es eh nicht. So gefroren wie damals hab ich zum Glück nie wieder. Auch Warmes zum Anziehen gab es ja nicht. Aus den schweren dunkelgrünen Portieren, noch vom Einzug meiner Großeltern 1911, bekam ich einen Wintermantel geschneidert, die Offiziersjacke meines Vaters wurde für mich dunkelblau gefärbt. Auch Decken, die man von den Amerikanern kaufen konnte, wurden gefärbt für Mäntel und Kostüme, Pullover wurden x-mal aufgetrennt oder angesetzt oder wieder verstrickt. Schuhe und warme Stiefel gab es überhaupt nicht. Da hatte mein Vater eine grandiose Idee: Er gab mir seine Armeestiefel, in die ich mit Filzpantoffeln stieg.

Im Mai 1946 schlossen wir den Abiturkurs ab und begannen zu studieren. Ich in Frankfurt Kunstgeschichte, Englisch, Deutsch, mein Freund an der Technischen Hochschule Darmstadt Architektur. So sahen wir uns nur noch an den Wochenenden, 1948 durften wir uns offiziell verloben.

Zum ersten Studentenball der Frankfurter Uni nach dem Krieg im Dezember 1947 – eine Sensation – meldete ich mich sofort, als man Studenten für die Vorbereitung suchte. Ich wollte auf jeden Fall zwei Karten bekommen, denn die waren äußerst knapp. Veranstaltungsort war der relativ unbeschädigte Palmengarten, der sich zwar im Sperrgebiet befand, aber von den Amerikanern für diese Nacht freigegeben wurde. Zu den Gästen des Balls zählten Honoratioren der Stadt Frankfurt, aus der hessischen Regierung und hohe amerikanische Repräsentanten. Mitbringen sollte man einen Löffel für die Erbsensuppe aus der amerikanischen Gulaschkanone auf Plastiktellern (!). Und die Stadt Frankfurt spendete Wein aus dem Weingut in Hochheim in für uns noch ungewohnten Plastikbechern.

Das Organisatorenteam traf sich eine Woche später im Restaurant »Bei Wahl« an der Bockenheimer Landstraße, damals eines der wenigen »ersten Häuser am Platz«. Hier wurde von unserem Kommilitonen Werner Kelm angeregt, einen studentischen Klub zu gründen. Er sollte allen Studenten und Studentinnen mit demokratischer Gesinnung offenstehen, ohne parteipolitische oder konfessionelle Ambitionen. Bald danach entstand daraus das »Collegium Studentischer Club«. Wir organisierten Vorträge zu aktuellen politischen, kulturellen und wissenschaftlichen Themen, Begegnungen im Amerika-Haus sowie gemeinsame Besuche von Kunstausstellungen und Wanderungen. Und natürlich gab es auch wieder Bälle und Faschingsfeiern. Höhepunkt war unsere achttägige Busreise 1951 nach Paris, für die meisten von uns die erste Auslandsreise. Die damals geschlossenen Freundschaften bestehen noch heute, nach über 60 Jahren.

Ich selbst habe nicht zu Ende studiert. Das elitäre Kunstgeschichtsstudium, das mich am meisten interessierte, erforderte viel Zeit und finanzielle Mittel für Reisen. Nach acht Semestern heiratete ich, denn vorher durfte man ja damals noch nicht zusammenleben. Bis unser erster Sohn geboren wurde, wohnten wir in meinem Mädchenzimmer.

Lieselotte Meiers Tagebuch mit einem
Foto ihres späteren Mannes.

Trümmer-
frauen

Nur wenige Tage nach dem Einmarsch der Sieger ergingen Befehle und Anordnungen an die Bevölkerung der zerbombten Städte, den Schutt wegzuräumen. Zunächst mussten Wege, Straßen und wichtige Plätze wieder begeh- und befahrbar gemacht werden, später dann begann man Reste zerstörter Gebäude abzureißen und die Steine für den Wiederaufbau vom Mörtel freizuklopfen. Das Ausmaß der Schuttmengen war unvorstellbar, allein in Berlin schätzte man ihren Umfang auf 80 Millionen Kubikmeter. Etwa drei Viertel sollten wiederverwendet werden, der Rest musste entsorgt werden. In Berlin entstanden so innerhalb der Stadt mehrere neue Hügel; heute sind sie beliebte Erholungsgebiete. Trümmerbeseitigung war vor allem Aufgabe der Frauen, da die Männer gefallen waren oder sich noch in Kriegsgefangenschaft befanden. Besonders in den ersten Wochen nach Kriegsende, als es noch keine Werkzeuge und Transportmittel gab, bedeutete das eine immense körperliche Anstrengung, darüber hinaus besaßen viele der Frauen weder entsprechende Kleidung noch schützende Handschuhe. Alle Personen zwischen 15 und

55 Jahren waren zum Enttrümmern verpflichtet, sofern sie keiner anderen Arbeit nachgingen. Ohne Entgelt wurden in den ersten Wochen ehemalige Nazis und auch deren Familien herangezogen, die anderen bekamen im Durchschnitt einen Stundenlohn von 60 Pfennigen – vor allem aber erhielten sie aufgrund der schweren Arbeit eine bessere Lebensmittelkarte.

Das war eine harte Arbeit

Ich war bei der Straßenreinigung angestellt. Da gab es große Pferdewagen, auf die haben wir die Steine aufgeladen. Pferde gab es nicht mehr, deshalb mussten wir Frauen die Wagen ziehen und schieben. An jeder Seite ein paar Frauen. Da hieß es: Vollladen mit Schippen, immer rauf und dann wegbringen. Der Schutt wurde überall hingefahren, wo freie Plätze, Bombentrichter oder Mulden waren. Da haben wir das ganze Zeug dann hingebracht. Na, viel Lohn haben wir nicht gekriegt. 61 Pfennige waren das damals, glaub ich. Aber wir haben eine höhere Karte gekriegt, eine Arbeiterkarte, das war das Attraktive daran. Die ersten paar Male war das Enttrümmern natürlich unangenehm und ungewohnt. Man hatte ja auch keine Kleidung dafür. Man musste eine Schürze mitnehmen und Handschuhe, wenn man welche hatte. Das war eine harte Arbeit, aber nachher hat man sich daran gewöhnt.

Ich war damals 14 Jahre alt und habe mitgeschaufelt. Alle Frauen und Kinder haben mitgeschaufelt, und wir mussten den Weg für die russischen Lkws frei machen. Der Russe, der meiner Mama den Arbeitsauftrag gegeben hatte, ging dann zu ihr und hat ihr ein Busserl auf die Stirn gegeben und sich auf diese Weise sogar bei ihr bedankt.

Aus einem Rechenschaftsbericht
des Berliner Magistrats im Jahr 1946:
Blicken wir heute auf die Arbeitsleistungen der Frau
im Rahmen des Wiederaufbaus Berlins, insbesondere
bei den Enttrümmerungsarbeiten, so finden wir, dass
gerade die Frauen die Zeichen der Zeit verstanden haben
und sich mutig und willig den harten Gegebenheiten
anpassen.

Schippen, damit die Händekette nicht abreißt

Gegen 14 Uhr lautes Rufen auf der Straße vor unserem Haus: ein
von Amts wegen bestellter Ausrufer wie vor 1000 Jahren. Er hatte
sich unter dem Ahorn aufgebaut und leierte von einem Blatt Papier
herunter, dass alle arbeitsfähigen und noch nicht arbeitstätigen
Männer und Frauen zwischen 15 und 55 Jahren sich sofort zwecks
Arbeitseinsatz vor dem Rathaus einzufinden hätten.

Die Straße vor dem Rathaus bot das Bild einer wildbelebten
Baustelle. ... Frauen schieben Loren, sie rollen die Füllmasse an den
Grabenrand, kippen sie hinein. Aus allen Nebenstraßen ziehen sich
die Händeketten und reichen Eimer auf Eimer zu den Loren hin.
Morgen früh um acht soll auch ich zur Arbeit antreten. Ich habe
nichts dagegen. ... Es regnete immerzu, mal feiner, mal stärker.
Trotzdem schippten wir und füllten Eimer auf Eimer mit Dreck,
damit die Händekette nicht abriss. Wir waren an die 100 Frauen
aller Sorten. Die einen zeigten sich träge und lustlos und rührten
sich nur, wenn einer unserer beiden deutschen Aufseher hinsah.
(Immer kriegen die Männer die Aufseherposten.) Andere Frauen
schufteten mit Hausfraueneifer, ja verbissen. »Getan muss die Arbeit doch werden«, sagte eine tief überzeugt. Zu viert schoben wir
die vollen Loren an den Graben heran.

Tipp aus der »Frau von heute«

Wer durch seine Arbeit leicht graue oder dunkle
Nägel bekommt, halte sich einen kleinen Salbentopf
mit pulverisiertem Bimsstein. Im Bedarfsfalle wird
etwas Wasser zum Anfeuchten hineingegossen; dann
wird jeder einzelne Nagel von oben herab in den
entstehenden Schlamm gebohrt. In wenigen Minuten
ist dieser am Finger hellgrau getrocknet. Nun
reinigt man die Nägel mit einem Stäbchen, worauf
sie wieder weiß erscheinen.

*US-Soldat
vor der schwelenden
Ruine des Berghofs.*

Das Ende von Hitlers Berghof

Johanna Stangassinger, 1917–2014,
erlebte das Kriegsende in Berchtesgaden

Nach dem englischen Bombenangriff auf Obersalzberg am 25. April 1945 betrat Johanna Stangassinger das erste Mal nach acht Jahren wieder den Ort, wo ihr Elternhaus gestanden hatte. Dort oben im Führersperrgebiet herrschte jetzt ein völliges Durcheinander. Niemand mehr bewachte das sonst vollständig abgeriegelte Gelände, keine Bewohner, kein Personal waren zu sehen, die Häuser Bormanns und Görings, die SS-Kaserne und das Verwaltungsgebäude lagen in Schutt und Asche; der Berghof, Hitlers Domizil, war nur wenig beschädigt. Als dann der SS-Kommandant dem Landrat zu verstehen gab, dass seine Einheiten abziehen und sich keinesfalls auf einen Kampf mit den amerikanischen Truppen einlassen würden, strömten die Berchtesgadener vom Tal hinauf, um die Depots zu räumen. In den Gängen der Vorratsbunker lagerten Butter, Mehl, Zucker, Teigwaren, Konserven, Kanister mit französischem Cognac – ein wahres Schlaraffenland. Hanni schleppte Lebensmittel, einen Teppich, Polsterstühle, Geschirr und für ihren Vater eine Kiste Zigarren nach Hause. Zweimal am Tag ging sie den beschwerlichen Weg von Oberau zu dem höher gelegenen Obersalzberg.

Am 4. Mai übergab der Landrat Berchtesgaden kampflos den Amerikanern, und auch in Oberau hingen sie alle weiße Tücher aus den Fenstern. Über dem Obersalzberg sahen sie einen Feuerschein: »Die SS hat dann den Berghof angezündet. Waren ja noch welche oben. Das war eine Flamme! Da sag ich noch zu meinem Vater: ›Das ist der schönste Anblick in meinem Leben, dass das Hitler-Haus auch brennt, genau wie sie unsere Häuser verbrannt haben.‹ ... Es war schon ein Hass drinnen, ist ja klar. Die Saubande, die mistige. Wie soll'st da kein' Hass kriegen, wenn'st vor nix mehr stehst. Das waren ja unsere eigenen Leut', das war nicht der Feind, der uns vertrieben hat. ... Wir waren so froh, dass der Hitler weg war.«

Johanna wurde 1917 in Obersalzberg geboren und wuchs mit ihren Geschwistern auf dem Hof des Vaters auf. Das Dorf war schon damals ein beliebter Ferienort. Hitler hatte es für sich in den Zwanzigerjahren als Rückzugsort entdeckt, Mitte der Dreißigerjahre ließ er den Berghof errichten und den Ort für sich und NSDAP-Bonzen umgestalten. Alle angestammten Bewohner mussten den Ort verlassen, die meisten Häuser wurden dem Erdboden gleichgemacht. Josef Hölzl, Johanna Stangassingers Vater, weigerte sich zu gehen, bis zuletzt. Nach der Drohung Bormanns, ihn ins KZ zu stecken, musste er schließlich mit seinen drei Söhnen und zwei Töchtern am 1. Februar 1937 den Hof verlassen. Sie waren kaum einige Meter entfernt, da stand ihr Haus schon in Flammen. Für das Haus und den Wald bekam der Vater keinen Pfennig. Sie zogen dann in ein wesentlich kleineres Haus in Oberau. Land besaßen sie nun keines mehr.

Johanna heiratete 1937. Ihre beiden Söhne kamen 1943 und 1945 auf die Welt. Mit den Amerikanern lebten die Dorfbewohner in gutem Einvernehmen – der Obersalzberg entwickelte sich in der Nachkriegszeit gleichsam zu einer Touristenattraktion für die GIs. In den Fünfzigerjahren ging Johanna Stangassinger daran, ihr Haus in eine Fremdenpension umzubauen. Und noch im hohen Alter sah man »Oma Hanni« jeden Tag bei der Arbeit in ihrem Gasthof in Oberau.

*Ursula Kahnert (rechts) mit Kolleginnen
aus der Munitionsfabrik Grüneberg.*

»Wir Frauen schickten die Soldaten weg«

Ursula Kahnert, *1918, erlebte das Kriegsende in Gransee

Ich bin zwar 1918 im schlesischen Liegnitz geboren, meine Eltern lebten aber schon seit den Zwanzigerjahren im brandenburgischen Gransee. Hier machte ich meinen Schulabschluss 1933, Geld für eine höhere Schule war nicht da, so war ich froh, Arbeit in der Munitionsfabrik Grüneberg zu bekommen. Mit 16 stand ich an der Drehbank, habe Hülsen gedreht im Akkord, mehrere Jahre lang. Weg durfte ich dort nicht, wegen »angespannter Arbeitseinsatzlage«. Später konnte ich in die Kasse und die Finanzbuchhaltung wechseln, das war für mich viel angenehmer. In guter Erinnerung habe ich die Urlaube aus dieser Zeit. Jedes Jahr konnte ich eine Reise machen, zum Beispiel auf dem KdF-Schiff nach Norwegen, nach Österreich oder auch nach Königsberg an die Kurische Nehrung. Dort besuchte ich auch meine Verwandten – 1945 dann standen sie als Flüchtlinge vor unserer Tür in Gransee, hatten nichts mehr.

Vom Krieg selber haben wir bis auf den Fliegeralarm in Gransee vor dem April 1945 nicht viel gespürt. Schon Wochen vorher aber wälzte sich aus Osten kommend unaufhörlich ein Flüchtlingsstrom durch die Hauptstraße. Sollten auch wir das Nötigste packen und fliehen vor den Russen? Die Eltern zurücklassen, und wohin, womit? Zu Fuß, in Wäldern wochenlang kampieren und sich vielleicht dort den Tod holen? Ich blieb. In all den Tagen aber beherrschte uns der Gedanke: Wie wird es werden, wenn die Rote Armee einzieht? Gransee war bisher unbeschadet davongekommen. Wird es nun zum Schluss durch Kampfhandlungen in Schutt und Asche gelegt? Am 29. April, es war ein Sonntag, versammelten sich etliche Frauen vor der Kirche und verlangten vom Küster den Schlüssel, um vom Turm eine weiße Fahne zu hissen. Nur mit Mühe konnte man sie davon abhalten, denn es befanden sich noch SS-Einheiten in der Stadt. Sie hätten dann sicher ein Blutbad unter den Granseern angerichtet. Tags darauf aber, man hörte schon den Geschützdonner vor der Stadt, ließen wir Frauen uns nicht mehr beruhigen. Wir zogen zum Stadtkommandanten und sagten ihm unverhohlen unsere Meinung. Ich rief ihm zu: »Es ist wohl noch nicht genug zerstört worden! Man kann wohl nicht sehen, dass Gransee bis jetzt verschont blieb!« Daraufhin wurde er ziemlich zornig und entgegnete, dass es ihn Kopf und Kragen kosten würde bei einer Kapitulation. Unser Gegenruf: »Besser sein Kopf als das Leben der Kinder und aller Menschen unserer Stadt!« Nach einiger Überlegung stimmte der Kommandant, selber sehr kriegsbeschädigt, zu und befahl den Abzug des Militärs aus Gransee. Wir hingen als Zeichen der Kapitulation weiße Fahnen aus den Fenstern – schnell zurechtgemacht aus Tischtüchern, Laken, Handtüchern ... Am 1. Mai 1945 um vier Uhr früh gingen Parlamentäre mit weißen Fahnen der Roten Armee entgegen.

Clevere Geschäftsidee einer Berlinerin.

Ohne Arbeit kein Brot

Auch wenn Trümmerfrauen mit der Lebensmittelkarte II für ihre Arbeit belohnt wurden, versuchten doch viele ihrer Geschlechtsgenossinnen, ihr Überleben durch andere Tätigkeiten zu sichern. Eine bessere Versorgung als die der »Hungerkarte« V war allen Berufstätigen garantiert – auch Angestellten in den Verwaltungen und in der Wirtschaft, bei den Verkehrsbetrieben oder in den Krankenhäusern. Und Frauen wurden überall gebraucht, bevor die

Männer aus den Kriegsgefangenenlagern heimkehrten. Nach wie vor aber zählten Hausfrauen zur nichttätigen Bevölkerung, obwohl ihr Arbeitstag weit länger dauerte als zehn Stunden. Wie aber sollten die Mütter von kleinen und mehreren Kindern über die Runden kommen? Viele von ihnen suchten sich zusätzlich noch Heimarbeiten oder entwickelten unterschiedlichste Geschäftsideen, die sie mit Unterstützung ihrer Familien oft auch erfolgreich umsetzen konnten.

Auf gut Deutsch gesagt: Die Verhältnisse waren beschissen. Aber wir wollten nicht an diesen kleben bleiben, also rührten wir uns, sonst wären wir nie aus dem Dreck gekommen.

Soundso viel Puppen für soundso viel Brot

Mein Vater war gelernter Sattler, der hatte so 'n Autositz aufgehoben. Das Werg, das darin war, haben wir verwendet. Meine Schwester hat Reste zusammengesucht und aus Lappen wunderhübsche Puppen für Spielwarengeschäfte genäht. Sie nahm Trikotstoff – früher waren ja die Seidenstrümpfe aus Trikot, helle und fleischfarbene – für die Arme und die Fingerchen. Mit dem Werg haben wir die Puppen ausgestopft. Jeder Schnipsel wurde für die Puppen gebraucht. Auch Tiere hat sie gemacht, wirklich allerliebst. Ich hab ihr geholfen und meine Mutter auch. Wenn wir zehn Puppen in der Woche genäht haben, war das viel, und wir mussten praktisch Tag und Nacht dafür arbeiten. Mit dem Puppennähen konnten wir uns über Wasser halten. Abends haben wir immer ausgerechnet, jetzt haben wir soundsoviel Puppen, das gibt soundsoviel Brot oder Butter oder Süßstoff oder so.

Berufswunsch:
Elektromechanikerin

*Als wir 1947 in unsere Berliner Wohnung zurückkehrten,
da war sie fast verwüstet. Eine Bombe hatte unser Haus
getroffen. Dennoch, wie waren wir froh, dass es noch
halbwegs bewohnbar war. Zuerst also: Fenster vernageln,
damit Wind und Wetter einigermaßen ausgesperrt blieben.
Mutter hat dann von unseren Lebensmittelkarten dieses
oder jenes Gramm Zucker oder Mehl abgespart, um mit
einem Töpfchen davon hin und wieder den Tischler in
unsere Wohnung zu locken. Es war Zeit für mich, eine Lehre
zu beginnen. Doch die Lehrstellen waren knapp.
Ich bewarb mich als Elektromechanikerin bei der Signal-
und Sicherungstechnik in Treptow. Doch die Ausbildungs-
plätze reichten nicht für alle. So wurde eine neunte Klasse
gebildet, in der wir ein weiteres Jahr zur Schule gingen.
Das Jahr darauf hat es dann geklappt.*

Praktischer Sprachunterricht

*Da viele Lehrer aufgrund ihrer Nazivergangenheit entlassen worden wa-
ren, wurden in der SBZ binnen kürzester Zeit sogenannte Neulehrer ausgebildet. Die Publizistin Carola Stern durchlief eine solche Ausbildung
innerhalb eines Jahres.* Leider war ich damals, 1948, in der Theorie un-
vergleichlich besser als im Schulbetrieb von Geltow, das nah bei Potsdam an der Havel liegt. »Deutsch, Geschichte, ja gewiss«, bestätigte
der Rektor seiner neuen Lehrkraft, »aber«, so fügte er hinzu, »auch
Sport und Englisch müssen Sie hier unterrichten.« ... Als weitaus
schwieriger erwies es sich, meine mangelnden Englischkenntnisse
zu verbergen. Der Klasse stets nur um eine Lektion voraus, fürchtete

ich mich jeden Tag vor nicht zu bestehenden Bewährungsproben. Jeweils in der großen Pause umlagerten mich die Schüler, hielten von ihren Müttern auf dem Berliner schwarzen Markt erworbene amerikanische Konservendosen hoch und begehrten aufgeregt zu wissen, was da drin und wie es anzurichten sei. Aber auch die Englischlehrerin wusste nicht, was *beans* und *strawberries* auf Deutsch bedeutete, schrieb die Texte von den Dosen ab und verbrachte ihre Nachmittage mit mühsamen Übersetzungen amerikanischer Konservendosenbeschriftungen.

Kohlen im Aktenschrank

Mitte September [1945] begann ich, (...) als (...) Sekretärin in der für die sowjetisch besetzte Zone zuständigen Zentralverwaltung für Volksbildung zu arbeiten. (...) Wir mussten zunächst bei Lampenlicht arbeiten, weil die Fenster noch nicht verglast, sondern mit Holz verschlagen waren. Viele Möbelstücke wiesen Wasser- und Brandschäden auf. Die einzelnen Räume mussten mit kleinen eisernen Öfen beheizt werden. Sie nicht ausgehen zu lassen, gehörte zu den Aufgaben der Sekretärin. Die uns zugeteilte Kohle verwahrten wir in den Schüben des Schreibtisches und in den Aktenschränken, während wir die Akten auf den Tischen stapelten. Da wir privat kein Brennmaterial zugeteilt erhielten, trugen mein Chef und ich Kohle in unseren Aktentaschen aus dem Büro nach Hause.

Unterwegs auf der Straße zum Rathaus wieder Getriebe und Gewimmel. Sogar ziemlich viele Männer darunter; doch immer noch spürbarer Frauenüberschuss im Freien. Ich sah eine Frau mit Hut – die Erste seit Langem.

Sehnsucht nach Schönheit

In einer Zeit des Hungers und des täglichen Kampfes ums Überleben entwickelte sich dennoch ein befreiendes Gefühl des Neuanfangs. Den Trümmerstaub abstreifend, begannen die Frauen auch wieder an sich selbst zu denken. Der Wunsch, in einem herbeigesehnten normalisierten Dasein sich wieder der Schönheit und der eigenen Weiblichkeit widmen zu können, schien im Augenblick nahezu unerfüllbar. »Eva ist Eva geblieben, aber – das Paradies liefert nicht mehr«, schrieb 1946 eine Journalistin in der *Welt der Frau*. Doch Eva wurde selbstständig und machte das Beste aus dem begrenzt Verfügbaren. So kreierte sie zum Beispiel die während dieser Notzeit in den Straßen auftauchende Flickenmode. Im gleichen Jahr erschienen in Deutschland auch wieder Modemagazine, und es gab sogar erste Modenschauen.

Am Nachmittag war ich zum ersten Mal seit undenklichen Zeiten wieder beim Friseur. Hab mir ein Pfund Schmutz aus dem Haar waschen und Wasserwellen legen lassen. Der Friseur ist irgendwoher aufgetaucht, hat sich in den ziemlich durchgewühlten Laden eines Kollegen gesetzt, den sie noch in letzter Minute zum Volkssturm geholt haben und dessen Familie nach Thüringen evakuiert sein soll. Ein Spiegel ist noch heil, eine verbeulte Haube noch halbwegs brauchbar. Völlig friedensmäßig war des Friseurs Redensweise: »Jawohl, gnä' Frau, gewiss doch, gern, gnä' Frau ...« Ich kam mir ganz fremd vor.

Elegant in Großvaters Jackett

Unsere gute Garderobe war durch die doppelte Ausbombung futsch. Und es gab ja auch nichts zu kaufen. Sie konnten Geld haben wie sonst noch was, es gab doch keine Textilien, es gab nichts. Da wurden die Schlafdecken eingefärbt. Mein Sonntagsmantel war eine schwarz gefärbte Pferdedecke. Ja, dieser Mantel war damals ein Vermögen wert. Und meine Schwester, die war sehr elegant, die erschien immer in Sachen meines Großvaters, in seinen Hosen und im Jackett. Unserer Großmutter haben wir einen karierten Bettbezug abgeschwatzt, daraus hat uns meine Schwester zwei Kleider genäht. Die Garderobe von dem kleinen Hans war ein Dauerproblem: Ständig wurden alte Sachen, was man noch so hatte, aufgeriffelt, zwei-, dreimal gestrickt. Ich glaube, es war Anfang der Fünfzigerjahre, als wir uns das erste Mal fertige Sachen kaufen konnten. Ich besaß ein Paar Schuhe, und als es dann Herbst wurde, hatte ich mir ein Loch in die Sohle gelaufen. Da kam dann jeden Morgen eine gefaltete Zeitung rein, und das den ganzen Winter über.

Erfinderisch musste man schon sein

1945 hab ich wieder eine Stelle als Näherin gekriegt. Die Leute, bei denen ich angefangen hab, hatten früher ein Modegeschäft und hatten ein paar alte, zerfledderte Modehefte da. Weil der Laden vollständig kaputtgebombt war, hab ich alles zu Hause genäht. Wie das nach dem Krieg eben so war, von Alt auf Neu. Ich habe von der Chefin das getrennte Zeug oder Bettbezüge oder Decken gekriegt. Manchmal waren es ganz verdreckte Sachen, es gab ja kein Seifenpulver. Da hab ich dann aus Decken Mäntel genäht, aus einem Segel Buschjacken. Das waren weiße Jacken mit einem kurzen Arm. Ich hab gestaunt, was aus einem solchen Segel alles rausgeht. Und aus Bettbezügen habe ich Hosen genäht und aus zerschlissenen Lappen Kinderkleidung. Mein Gott, was wir da alles zusammengeflickt haben. Sogar aus einem zerschlissenen Regenschirm hab ich mal ein Röckchen geflickt. Also, erfinderisch musste man schon sein. Und da hab ich dann immer meine Modelle laufen sehen. Die Leute waren ja froh, wenn sie überhaupt etwas zum Anziehen gekriegt haben.

Die Färberei im Hause

Tipps aus der Frauenzeitschrift »Der Regenbogen« :

Es wird wahrscheinlich noch geraume Zeit vergehen, ehe die gewerblichen Färbereien ihre Tore wieder öffnen. Nehmen wir deshalb unseren ganzen Mut zusammen und versuchen wir selbst, mit der geheimnisvollen Kunst des Färbens fertigzuwerden.

Rote Rüben (karminrot): Die gut gewaschenen Schalen der Roten Rüben werden ordentlich ausgekocht. Die abgegossene Flüssigkeit ergibt ein sehr kräftiges Färbemittel, das man je nach Wunsch mit mehr oder weniger Wasser verdünnt.

Spinatbrühe (hellgrün): Der Saft von zusammengefallenen Spinatblättern (schlechte, zum Essen unbrauchbare Blätter verwenden!) wird abgegossen und das Färbegut hineingegeben.

Heidekraut (braun): Blühendes, zerkleinertes Heidekraut – auch im getrockneten Zustand zu verwenden – wird einige Stunden im Wasser gekocht und die Brühe abgegossen. Das Färbegut wird vorher in Alaun gebeizt – man rechnet auf 50 Gramm Wolle zehn Gramm Alaun – d. h., man lässt es eine Stunde in der Beize liegen und kocht es dann eine Stunde in der Farblauge.

Tanzstundenball im Flickenkleid, Frankfurt am Main 1947.

BETT GEGEN BROT

Wir waren völlig zerrissen, zerlumpt und total abgemagert.
Dann kamen diese Soldaten. Vor den Russen hatten wir solche Angst,
vor den Amis, den Engländern und Franzosen weniger. Aber man wusste
ja nie! Und dann lernte man diese »Feinde« besser kennen.
Es waren schöne, wohlgenährte Männer. Natürlich haben die meisten
Frauen nur an Zigaretten und an Brot gedacht. Sollte man diese Frauen
deswegen verachten? Wir wussten ja nie, warum eine das tat. Vielleicht
wegen ihrer Kinder. Und der Tausch ist auch schon uralt: Bett gegen Brot.
Die Soldaten waren auch einsam. So muss man das auch sehen.
Die ersten menschlichen Kontakte mit den Alliierten sind über uns
Frauen gelaufen.

GIs und deutsche »Fräuleins«

D as zunächst sehr strenge Fraternisierungsverbot der Sieger wurde schon im Laufe der ersten Monate nach Kriegsende zunehmend lockerer gehandhabt. Anders als die sowjetischen, französischen und britischen Soldaten, die den Naziterror im eigenen Land erlebt hatten, verhielten sich die aus den USA kommenden GIs recht unbefangen gegenüber den einstigen Gegnern. Mit ihren Kaugummi- und Schokoladengeschenken knüpften sie schnell Kontakte zu Deutschen. Besonders angetan hatten es ihnen die deutschen »Fräuleins«. Auch die jungen Frauen fühlten sich zu ihnen hingezogen. Die Amerikaner besaßen alles, was so dringend fehlte: Lebensmittel, Süßigkeiten, Strümpfe, Stoffe – und auch unbeschwert scheinende Lebensfreude. Viele Deutsche sprachen zwar abfällig von den »Ami-Bräuten« – waren den mitgebrachten Gaben jedoch keineswegs abgeneigt. Zu einem Problem für zahlreiche junge Frauen aber wurden die Kinder aus den Beziehungen, gab es doch in der US-Armee einen Befehl: »Verneint ein Soldat die Vaterschaft, werden keine weiteren Schritte unternommen«; auch durfte zunächst nicht geheiratet werden. Das änderte sich in den folgenden Jahren infolge der Politik des Kalten Krieges, die Westdeutschland zum Verbündeten machte. Dauerhafte Frcundschaften und Liebesbeziehungen konnten entstehen.

Anneliese Yiengst arbeitete als Telefonistin bei der amerikanischen Militärregierung in der Tegernseer Landstraße in München.

Unsere amerikanische Aufsichtsperson erzählte mir, dass im *American Way Service Club* in der Stadt ein *German-American Girls Club* bestehe. Dieser Club diente der Freizeitgestaltung der Soldaten. Es gab ein Fotolabor, Singgruppen, Busfahrten in die Umgebung, Theatergruppen und Tanz an manchen Abenden. Ich habe im *American Way* sehr nette Stunden erlebt, und es war völlig harmlos, auch wenn Außenstehende das Gegenteil dachten, z. B. wurde im *Service Club* nie Alkohol ausgeschenkt. Die Soldaten wussten, dass sie dort anständige deutsche Mädchen als Gesprächspartnerinnen hatten. Ich war stolz, die jungen Soldaten aus den Staaten mit bayerischer Kultur und bayerischem Brauchtum bekannt zu machen, und ich führte so manchen Amerikaner durch München. Andererseits hatte ich viele Fragen über Amerika. Ich las darüber alles, was ich nur bekommen konnte.

Kapitel 4

Hoffnung auf den Neubeginn

Am 8. Mai 1945 kapitulierte Hitlerdeutschland, aber bereits am 28. April – nach dem Einmarsch der Roten Armee in die Reichshauptstadt – hatte der sowjetische Stadtkommandant Generaloberst Bersarin im Befehl Nr. 1 verfügt, dass der Betrieb von Vergnügungsstätten (Kino, Theater, Zirkus, Stadion), von Restaurants und Gaststätten sowie Gottesdienste in den Kirchen bis 21 Uhr Berliner Zeit erlaubt seien. Bei der Einführung des neuen Magistrats am 19. Mai verkündete er, die Künste hätten die Aufgabe, der Bevölkerung, »die gut und hart arbeiten wird, die Möglichkeit zu geben, Befriedigung und Entspannung zu finden«. Inmitten der Ruinen öffneten bald wieder Cafés, Bars und Tanzgaststätten; und schon Mitte Mai spielten 30, Ende Juni 127 Kinos. Diese Inseln der Unterhaltung und kurzweiligen Vergnügen im überaus anstrengenden Alltag mit all seinen Beschwernissen nährten bei vielen die Hoffnung auf einen Neubeginn und ein normales Leben.

Von den vier Militärregierungen war es zunächst vor allem die Sowjetische Militäradministration (SMAD), die sich von der Kultur anhaltenden erzieherischen Erfolg bei der Abkehr vom nationalsozialistischen Gedankengut erhoffte. Mit hoher Bildung ausgestattete Offiziere sollten diese Entwicklung in der SBZ und in Berlin in Gang setzen. Mit Unterstützung beim Wiederaufbau der Spielstätten, aber auch mit Sonderzuteilungen von Lebensmitteln versuchten sie, die Künstler für ihre Sache zu gewinnen. Zunächst durchaus erfolgreich. Mit einiger Verzögerung zogen die westlichen Alliierten nach. Lizenzen, nicht nur für politische Tageszeitungen, sondern ebenfalls für Modemagazine, Kunstzeitschriften oder Frauenzeitschriften, wurden erteilt. Auch Sportvereine konnten ihre Tätigkeit wieder aufnehmen. Um die deutsche Bevölkerung mit amerikanischer Kultur und Politik bekannt zu machen, wurden Clubs für Jugendliche gegründet, »Amerika-Häuser« eröffneten in München, Berlin, Wien.

Überall in Deutschland kamen die Menschen in den Jahren 1945 bis 1948 in den Genuss einer erstaunlichen kulturellen Vielfalt. Künstler jeder Couleur fanden sich zusammen in provisorisch hergerichteten Häusern oder privaten Räumen, in Kellern oder auch im Freien. Sie spielten Theater, musizierten, gründeten Kabaretts und luden ein zu Lesungen oder Kunstausstellungen. Halb verhungert und in ungeheizten Räumen, brachten sie dennoch Großartiges zustande, vereint in der Begeisterung für den Neuanfang nach einer düsteren Zeit. Die während der Nazidiktatur verbotenen Werke jüdischer Künstler waren wieder zu hören und zu sehen, man fand Anschluss an die bis dahin unbekannte westliche Kultur und entdeckte die von den Nazis als »entartet« verfemten Künstler wieder, die zu Beginn des Jahrhunderts der Kunst entscheidende Impulse gegeben hatten.

Hunderttausende strömten in die Kinos der Städte, sahen vorwiegend »nazifreie« Ufa-Filme wie »Träumerei« über Clara und Robert Schumann, »Große Freiheit Nr. 7« mit Hans Albers und amerikanische Unterhaltungsfilme. Auch neue deutsche Filme entstanden wieder. Die »deutschen Köpfe vom Faschismus befreien«, lautete das erklärte Ziel der von der SMAD im Mai 1946 gegründeten DEFA (Deutsche Film AG). Regisseur Wolfgang Staudte drehte hier mit »Die Mörder sind unter uns« seinen ersten Nachkriegsfilm, nachdem sein Vorhaben zuvor von allen drei Westalliierten abgelehnt worden war – die Auseinandersetzung mit der jüngsten deutschen Geschichte sollte in Zeiten des Kalten Krieges noch lange ein schwieriges Kapitel bleiben.

Endlich wieder tanzen gehen

Nach dem Verstummen der Alarmsirenen wollten die Menschen wieder das Leben spüren, schon 1945 wurde allein in Berlin an nahezu 200 Orten Theater gespielt, getanzt, gesungen und musiziert. In den Wohnungen – oder was davon noch übrig war – kam man zu kleinen privaten Konzerten oder Lesungen zusammen, auf den Höfen und in den Gärten feierte man Feste, und auf den Sportplätzen herrschte wieder Betrieb. Bereits im August 1946 fanden in Frankfurt am Main deutsche Leichtathletikmeisterschaften der drei westlichen Besatzungszonen und in Berlin die der SBZ statt.

Endlos die leeren Straßen. Plötzlich ungewohnte Menschenfülle, wohl 20, 30 Mann, sie quellen aus einem Kino, in dem ein Russenfilm namens »Tschapajew« läuft, wie handgemalte Zettel melden. … An den Mauern kleben bunte, handgekleckste Plakate, die Varietéprogramme in verschiedensten Wirtshaussälen ankünden. Die Artisten sind die Ersten auf dem Plan.

Die Musik der Freiheit

Die herrschaftliche Villa Possartstraße 31 wurde zum Clubhaus von *German Youth Activity* (GYA). Die Amerikaner bestimmten ein Gründungspräsidium und – heute würde man sagen – einen Frauenbeauftragten für die Mädchen und einen Männerbeauftragten für die Buben. Larry Grabowsky sorgte dafür, dass am Samstagabend eine Jazzband lautstark zu Boogie-Woogie, Bebop und Jitterbug aufspielte. Wochentags kam der Plattenspieler nicht zur Ruhe. Der Jazz, die Musik der Freiheit, durchbebte die Villa mit seinen Prachtstücken. Welch ein Kontrast zu den hausbackenen spießig-biederen Songs der Nazi-Musikunterhaltung, zu unseren Blut-und-Boden-Gesängen, Lagerzirkusliedern, zu »Schwarzbraun ist die Haselnuss«, »Das kann doch einen Seemann nicht erschüttern«, zum »Westerwald«, zu »Wildgänse rauschen durch die Nacht«! – Benötigten die Gegner »fünf Wochen für den Sieg über die deutsche Frau«, genügten für uns fünf Minuten, und wir waren bedingungslos zu Glenn Miller, Benny Goodman, Duke Ellington, Louis Armstrong, Lionel Hampton, Harry James, Count Basie, Irving Berlin, Cole Porter, Richard Rodgers u.v.a. übergelaufen.

Am 2. April 1946 begann der Zirkus Busch die erste Tournee durch den Ostteil Deutschlands. Schon Tage später war der Zirkus in Ostberlin. ... Die Menschen, hungrig nach Abwechslung und wenigstens ein paar Stunden Lachen, kamen in Strömen. Jede Aufführung war überfüllt.

Das war schon was!
Man versuchte, an die früheren Tanzveranstaltungen anzuknüpfen. Da gab es einen Stehgeiger, ein dürres, schmächtiges Bürschchen in alter Militäruniform, der mit seinen paar Mann eine Musik hinlegte, dass wir alle ganz entrückt waren. Die damals gängigen »Amischlager«, dazu »erlaubte« alte deutsche Ohrwürmer – wir schwebten nur so über die Tanzflächen. Und dann auch immer die Vorstellung eines anderen Kleides, ob nun geändert oder umgefärbt, das war schon was!

Eistanz für ein Butterbrot

Im Winter 1947 erzählte meine Schulfreundin, dass Lydia Veicht, die fünffache deutsche Eislaufmeisterin, im Prinzregentenstadion eine Eisrevue zusammenstellt. Die Schule kann wieder nicht geheizt werden, wir haben Kohleferien, also gehen wir dorthin, um uns das anzuschauen. Es stellt sich heraus, dass der Revue noch zwei Mädchen fehlen. Alles geht jetzt blitzschnell. Ihr könnt mitmachen, sagt der Leiter, der uns vom Eislaufverein kennt. ... Natürlich kann ich nicht mit den alten braunen Stiefeln meiner Mutter auftreten. Lydia leiht mir ein paar weiße von sich. Die sind mir sehr knapp, und vom ersten Tag an habe ich Blasen an den Zehen. Den ganzen Winter heilen sie nicht zu. Ich beiße die Zähne zusammen, denn andere Stiefel gibt es nicht für mich. Ich erhalte 50 RM pro Abendauftritt und kaufe als Erstes für 200 RM auf dem Schwarzmarkt ein halbes Pfund Butter. Ein dickes Butterbrot ist jahrelang ein unerfüllbarer Traum gewesen.

Christine Razum als Laura in Tennessee Williams »Glasmenagerie«.

Von Breslau nach Dillingen an der Donau

Christine Razum, *1923,
erlebte das Kriegsende in Dillingen

Geboren 1923 in Sprottau/Niederschlesien, lebte ich mit meiner Familie in Breslau. Seit meiner Flucht im Januar 1945 hatte ich jeden Kontakt zu meinen Leuten verloren. Mir war nur eine Freundin geblieben, die mit mir in Dillingen an der Donau gelandet war. Dort wurden wir zur Arbeit ins Wehrmachtslazarett einberufen und in 14 Tagen zur Hilfskrankenschwester ausgebildet. Nach der abenteuerlichen Flucht mit der Bahn und zu Fuß unter Tieffliegerbeschuss bedeutete die Arbeit im Lazarett für uns auch, ein Bett und Essen zu haben. Am 22. April marschierten die Amerikaner in Dillingen ein, das Lazarett wurde Ende Juni aufgelöst und wir Krankenschwestern im Lastwagen in ein Lager nach Ulm transportiert.

Nach zwei Wochen mussten wir 21 Krankenschwestern vor einem amerikanischen Offizier antreten, der uns vor der Entlassung verhörte. Vor mir befragte er Schwester Liesl aus Tegernsee, ein urbayrisches Dirndl: »Würden Sie einen Juden heiraten?« »Mei, wann er hübsch ist und vui Geld hat, sofort.« Dann sah er in meine Papiere, sah, dass ich aus Schlesien kam: »Na, Sie Nazischwester?« Ich weiß nicht, wie er darauf kam, so etwas zu sagen! Halt den Mund, dachte ich fassungslos. Ein falsches Wort, und man behält dich da.

Jetzt war ich verunsichert. Wir stiegen alle wieder auf die Last-wagen – niemand von uns wusste, wo es hinging –, ich bin dann in Ulm abgesprungen und rief meiner Freundin zu, dass ich am Abend in Dillingen sei. Ulm war völlig zerstört, nur der Turm vom Münster stand noch. Dort traf ich tatsächlich den Küster, der mir viel erzählte über die Stadt und die Kirche, von der ich während meines Studi-ums nur Abbildungen gesehen hatte. Später ging es per Anhalter – auf verschiedenen Herrenfahrrädern – zurück nach Dillingen. Aber das Lazarett existierte nicht mehr. So ging ich zum Bürgermeister, schlug ihm vor, an der Schule Deutsch zu unterrichten, ich hätte zwei Semester Germanistik studiert. Darauf sagte er zu mir: »Sie kön-nen ja nicht mal unsere Sprache.« Auf meine Frage, was ich denn machen sollte, kam die Antwort: »Gehen Sie doch da hin, wo Sie hergekommen sind.« Ich stand auf der Straße und habe geheult. Ich hatte nur das, was ich am Leibe trug, keine Aufenthaltsgenehmigung und somit auch keine Lebensmittelkarten. Da riet mir ein Passant, der wohl Mitleid hatte, zur alten Arbeitsstelle zu gehen, dort zie-he gerade die UNRRA ein. Das war eine internationale Organisation, die sich um die medizinische Versorgung ehemaliger Zwangsarbeiter und Entlassener aus Konzentrationslagern kümmerte. Die Oberärz-tin, eine Kanadierin, stellte mich als Nachtschwester ein, alle 14 Tage eine freie Nacht. Ich war dankbar. Es war eine Aufgabe, die viel Kraft kostete, physisch und auch psychisch. Wir betreuten Schwerkranke aus dem KZ Dachau, und ich hatte ja nur eine zweiwöchige Ausbil-dung als Hilfsschwester hinter mir. Oft fühlte ich mich völlig hilflos, wenn ich von Einzelnen hörte, was sie Schreckliches erlebt hatten.

Im Frühjahr 1946 erhielt ich über den Suchdienst des Roten Kreuzes in Bayern eine telegrafische Suchanzeige von Dr. Baumgart, bei dem ich an der Universität Breslau meine ersten Vorlesungen in Theaterwissenschaft gehört hatte: »Habe Professur an der Universität Erlangen. Theaterwissenschaft. Hier hochinteressantes Theater. Empfehle zu kommen. Herzliche Grüße«. Er hatte nur meinen Namen – ein Wunder, dass das Telegramm mich tatsächlich erreichte. Zum Sommersemester 1946 bin ich nach Erlangen gegangen. Ich hatte 150 Mark gespart. Zunächst konnte ich von montags bis freitags zum Schlafen eine Couch im Wohnzimmer einer Familie mieten – ohne Bad- und Küchenbenutzung. Körperpflege erledigte ich in der Uni oder bei Bekannten. In Erlangen, das kaum zerstört war, hatten früher 600 Studenten studiert, nach dem Krieg zählte man 6000. Professor Baumgart, Flüchtling aus Breslau wie ich, wohnte mit seiner Frau in einem Zimmer im Haus eines Kollegen. Als er mich und meine Freundin zu einer Wiedersehensfeier einlud, mussten wir zwei Studentinnen gemeinsam aus einer Tasse, der Professor und seine Frau aus der anderen Tasse den Tee trinken. Der Kollege hatte ihm nur zwei Tassen zugeteilt.

Mir kam dann der Gedanke, dass mein Freund Karl, ein Arzt, den ich aus dem Lazarett in Dillingen kannte, mir den Blinddarm operieren könnte, damit ich ein Bett im Krankenhaus bekäme. Er fand das ziemlich absurd, trat mir dann sein Zimmer ab, als er nach München ging. Die Wirtin willigte unter der Bedingung ein, dass er weiterhin monatlich Mehl und Fett lieferte; er kam von einem Bauernhof.

Wir alle hatten damals Hunger. Zum Glück gab es die Hoover-Speise, die in der Mensa ausgegeben wurde. Einmal bekamen wir Maisgrieß – mit rosa Maden! Wir aßen ihn trotzdem und garnierten die Maden auf dem Tellerrand.

All diese Schwierigkeiten aber haben es nicht vermocht, uns den Elan und die Begeisterung für unser Studium zu nehmen. Wir waren begierig, Texte von modernen Autoren kennenzulernen oder von denen, die während der Nazizeit verboten waren. Als wir uns mit Gerhart Hauptmann oder anderen uns bekannten Dramatikern beschäftigen sollten, sagten wir unserem Professor, dass uns ganz andere Autoren interessierten. Er schlug vor, es mit »Gas« von Georg Kaiser zu versuchen. Erstmals näherten wir uns so dem Expressionismus. Unsere Neugier war noch mehr auf zeitgenössische internationale Dramatik gerichtet, und wir beschlossen, eine Studentenbühne zu gründen. Wir hatten von Anouilhs »Antigone« gehört und fragten mutig beim Münchener Verleger Kurt Desch wegen der Rechte an. Wir bekamen sie, und Professor Leibbrand von der Uni, zugleich der Direktor der Heil- und Pflegeanstalt, stellte uns die Bühne seines Hauses zur Verfügung. Im Juli 1946 hatte dort Anouilhs »Antigone« Premiere. Im Programmzettel standen nur die dramatischen Personen, ohne Nennung der Spieler. Germanisten, Romanisten, Anglisten, Pharmazeuten etc. traten als Kollektiv auf. Alle waren mit der gleichen Begeisterung dabei, sonst hätte das auch nicht funktioniert. Jeder versuchte, sich auf seine Weise nützlich zu machen – nicht nur zu spielen. Wir mussten unendlich improvisieren, hatten zum Beispiel kein Material für Kulissen. Da war Kreativität gefragt. Kostüme gab es auch keine, wir standen alle mit unseren eigenen Sachen auf der Bühne.

Das Markgrafentheater Erlangen mit seinem künstlerischen Leiter Dr. Hannes Razum interessierte sich für unsere Aufführungen und riet zum Austausch mit Studentenbühnen in den anderen Zonen. Vom amerikanischen Kulturoffizier kam auf Razums und unsere Bitte um finanzielle Unterstützung die Anregung, ausländische Studentenbühnen einzuladen. So begannen die jährlichen internationalen Treffen der Studentenbühnen, die bis 1968 stattfanden.

Inzwischen war die Erlanger Studentenbühne längst ständiger Gast auf der Bühne des Markgrafentheaters. Und Hannes Razum wurde von uns in Nachhilfe zur Regie benötigt. Zum ersten Mal war das für die Aufführung von Tennessee Williams »Glasmenagerie«, das war 1948. Ich durfte die Laura spielen. Dafür benötigte ich ein »schönes« Kleid, das ich in der Szene tragen sollte, wenn Laura mit Jim tanzt. Woher nehmen? Es war noch die Zeit der Kleiderkarten. Aber durch eine Umfrage bei Nichtflüchtlingen oder Bomben-Verschonten bekam ich ein wunderschönes dunkelblaues Samtkleid geliehen.

1949 machte ich meinen Studienabschluss, heiratete Hannes Razum und ging mit ihm ins Rheinland. Auch heute noch verfolge ich mit kritischer Aufmerksamkeit die Entwicklungen des Theaters.

Lust auf Kultur mit leerem Magen

Die Sommermonate des Jahres 1945 waren eine Zeit des Aufbruchs auf den verschiedenen Gebieten der Kunst und Kultur. Überall in Deutschland fanden sich Künstler zusammen, um den Kulturbetrieb wieder lebendig werden zu lassen. Es gab erste Konzerte und Opernpremieren, Ballettabende und Theateraufführungen. Auf den Bühnen spielte man moderne westliche Autoren wie Sartre, Giraudoux, Williams oder O'Neill, und in neu eröffneten Kunstgalerien sah man Werke der in Nazideutschland als entartet denunzierten modernen Kunst. 1946 fanden auch wieder große überregionale Ausstellungen statt: »Moderne französische Malerei« im Berliner Stadtschloss, »Neue Deutsche Kunst« in Konstanz und die »Allgemeine Deutsche Kunstausstellung« in Dresden. An dieser ersten Dresdener Ausstellung nahmen auch Künstler aus den westlichen Besatzungszonen teil, die zur zweiten im Jahr 1949 schon nicht mehr eingeladen wurden – zur einzig gültigen Kunstform hatte man zu der Zeit in der DDR bereits den sozialistischen Realismus erklärt.

Ich fragte sie, ob sie schon wüsste, was mit ihrer Buchhandlung los sei. »Ende April abgebrannt«, war die knappe Antwort. Trotzdem sah die Buchhändlerin optimistisch in die Zukunft. Im Keller, so sagte sie, hätte sie eine Riesenkiste voller Bücher durchs Dritte Reich gerettet – meist »verbotene« Literatur. Das heißt, was man bei uns 1933 verboten hat: erst die Bücher von den Juden und Emigranten, später die Bücher unserer Kriegsgegner. »Danach giepern doch jetzt die Leute«, meinte die Buchhändlerin. »Wir werden in unserem Geschäft eine Ecke aufmauern und darin eine Leihbücherei einrichten, mit hohem Pfandgeld natürlich, sonst sind unsere Bücher gleich futsch.« Ich habe mich dann als erste Leserin angemeldet, hatte allerlei nachzuholen.

NEUES AUF DEN MÜNCHENER BÜHNEN

Aufgewühlt verfolgte ich im provisorisch zusammen-
gezimmerten »Theater am Brunnenhof« in der zerbombten
Residenz das großartige Spiel von Ernst Deutsch in
Lessings »Nathan der Weise«. Dort ging mir auch die
Darstellung der Inge Langen in Anouilhs »Antigone« unter
die Haut. Die zarte Maria Nicklisch war eindrucksvoll
in den Kammerspielen in Jean Giraudouxs »Der Trojani-
sche Krieg findet nicht statt«, Thornton Wilders »Unsere
kleine Stadt« gab den Blick auf den unbekannten Alltag in
der amerikanischen Provinz frei. Heftig diskutiert wurde
von ehemaligen Kriegsteilnehmern Zuckmayers beeindrucken-
des Zeitstück »Des Teufels General«. Unvergesslich geblieben sind mir auch die Auftritte von Ursula Herking,
Erich Kästner, Bum und Hellmuth Krüger in der »Schaubude«.
Es wurde großes Kabarett gespielt. Man konnte, wenn auch
manchmal nur unter Tränen, wieder lachen.

Ich trug in »Spiel im Schloss« von Franz Molnár ein Kleid, das war aus Vorhängen gearbeitet. Das Theater war übrigens immer bis auf den letzten Platz gefüllt. Auch in den kalten Wintern der Nachkriegszeit – mit einem in Mäntel und Decken gehüllten Publikum. Einige hatten sich Ziegelsteine mitgebracht, um sich ein wenig aufzuwärmen. In Freiberg hörte ich erstmals die Namen Brecht, Feuchtwanger, Gorki.

Neustart für das politische Kabarett

»Wenn sich alle Pläne dieser Woche verwirklichten, gäbe es bald mehr Kabaretts als unzerstörte Häuser«, kommentierte Erich Kästner 1945 die Begeisterung vieler Deutscher für das politische Kabarett in der Nachkriegszeit. Der Aufwand war gering, man spielte in Cafés, Kneipen oder auf Vereinsbühnen. Berühmt wurden vor allem der Berliner »Ulenspiegel« mit Günter Naumann und Tatjana Sais, das Düsseldorfer »Kom(m)ödchen« mit Kay und Lore Lorentz und die Stuttgarter »Mausefalle«, in der Werner Finck einen neuen Anfang wagte. Im Münchener Kabarett »Die Schaubude«, für die Erich Kästner Texte schrieb, feierte Ursula Herking Triumphe.

Die Stars des Münchner Kabaretts
»Die Schaubühne«:
Ursula Herking, Bum Krüger (rechts)
und Hellmuth Krüger (links).

Aus der Magdeburger Börde zurück nach Berlin

Elfriede Brüning,1910–2014,erlebte das Kriegsende in Egeln

Geboren bin ich 1910 in Berlin, und schreiben wollte ich schon immer. Nach ersten Veröffentlichungen in Boulevardblättern trat ich 1932 dem »Bund proletarisch-revolutionärer Schriftsteller« bei, und noch während der Dreißigerjahre waren drei Romane von mir erschienen. Nach meiner Verhaftung wegen der Zugehörigkeit zum Bund wurde die Schriftstellerei für mich immer schwieriger. Ich heiratete, und 1942 wurde meine Tochter geboren. Als die Bombenangriffe auf Berlin stärker wurden, zogen wir uns auf das Gut meiner Schwiegereltern in Egeln in der Magdeburger Börde zurück. Hier erlebten wir das Kriegsende. Zuerst kamen die Amerikaner, dann die Engländer und im Juli die Russen, die ich als eine der wenigen sehnsüchtig erwartet hatte. In der sowjetisch besetzten Zone, hoffte ich, könnte der kommunistische Traum verwirklicht werden.

Mit dem ersten Lastauto, das zu uns auf den Hof kam, um Mohrrüben und Zwiebeln nach Berlin zu bringen, fuhr ich mit, ich gierte danach, endlich wieder arbeiten zu können. Berlin sah schlimmer aus, als ich es mir vorgestellt hatte. Es gab keine Leichen mehr, aber die klapperdürren Gestalten, die sich mühselig zwischen den Trümmerbergen fortbewegten, glichen Gespenstern, die ihren Gräbern entstiegen waren. Unser Lastauto kam nur noch schrittweise voran, denn überall, wo es auftauchte, wurde es von hungernden Menschen umringt. Diese Menschen zu sehen, die sich um Gemüse balgten, das wir in der Börde als bloße Beilage betrachteten, war mir unerträglich.

Ich hörte, dass in Berlin das Kulturleben wieder langsam in Gang kam. Johannes R. Becher, der aus dem sowjetischen Exil zurückgekommen war und den ich von früher kannte, hatte den »Kulturbund zur demokratischen Erneuerung Deutschlands« gegründet. Mein erster Weg führte mich in sein Büro. Es sollte eine Zeitschrift gegründet werden, ein Organ des Kulturbundes, der *Sonntag*, und man fragte mich, ob ich mir die Redaktion des Feuilletons zutraue. Natürlich sagte ich zu, machte das aber nicht lange. Redaktionelle Arbeit lag mir nicht, ich wollte schreiben. Einmal verfasste ich selbst einen Artikel, in dem ich schilderte, wie wir mit dem Gemüsewagen nach Berlin kamen, wie die Leute den Wagen bestürmten. Ein Kollege sagte zu mir: »Das kannst du dem *Tagesspiegel* geben. Aber dann lass dich bei uns nicht mehr sehen.« [Der *Tagesspiegel* erschien unter Lizenz der amerikanischen Militärregierung ab September 1945 in Berlin]. Bei der Presse in der sowjetischen Zone war Optimismus gefragt. Schwarzer Markt, Hunger, Vergewaltigungen oder Demontagen – das blieb alles tabu. Es war schon eine gewisse Enttäuschung für mich, dass wir Schriftsteller auch jetzt nicht die Wahrheit schreiben konnten. Ich fügte mich den neuen Anforderungen, denn ich bejahte den Aufbau einer neuen sozialistischen Ordnung damals 100-prozentig. Die Zeit schien nicht reif für Kritik.

Als ich mit meinem Mann und unserer Tochter von Egeln zurück nach Berlin zog, konnten wir nicht in unsere Wohnung, da sie von den Engländern beschlagnahmt war. Wir bekamen eine andere mit zwei funktionsfähigen Zimmern zugeteilt; der Hauptmieter befand sich noch in Gefangenschaft. Er kam im Winter 1946/47 zurück, stellte dann mitten ins Schlafzimmer einen eisernen Ofen, den er irgendwo ergattert hatte, stapelte Holz und Kohlen drumherum. Und im Ehebett schliefen er und mein Mann. Dieser Winter war furchtbar. Überall, wo man hinkam, war es kalt, nirgendwo geheizt. Einmal hab ich in meiner Verzweiflung Möbelstücke von unserem Hauptmieter zerhauen. Später hat er uns dann verklagt, denn es waren wertvolle Möbel. Aber ich wusste mir keinen anderen Rat.

1947 wurde meine Ehe geschieden. Da erzählte mir jemand, dass in Birkenwerder, einem Vorort von Berlin, ganze Häuser leer stünden.

Dort wollte niemand hin, weil die Versorgung außerhalb der Stadt-grenze noch schlechter war. Mit meinen Eltern und meiner Tochter zog ich in ein hübsches Häuschen. Die Lebensmittelkarten aber be-zogen wir noch in Berlin, denn da draußen wären wir verhungert.

Ich fuhr täglich mit der S-Bahn – da wurde nur gemeckert: über die schlechte Versorgung, die schlechten Verkehrsmöglichkeiten, die Vergewaltigungen. Damals war ich schon in der SED. Wenn ich aber etwas dagegen gesagt hätte, die hätten mich gelyncht. Die Stimmung war fürchterlich. Aber ich habe beim Aufbau eines neuen Deutsch-land helfen wollen.

Am stärksten jedoch belastete mich in diesen Jahren der Kampf um das Sorgerecht für meine Tochter. Mein geschiedener Mann wohnte in Westberlin, und der Kalte Krieg war innerhalb der ver-waltungsmäßig geteilten Stadt deutlich spürbar. Da es keinerlei Ab-kommen zwischen Ost und West gab, hätte ich das Kind rechtmäßig gar nicht vom Vater fordern können, wenn er es bei sich behalten hätte. Das änderte sich erst nach 1949 mit den Staatsgründungen, als entsprechende Gesetze geschaffen wurden. Der Vater durfte das Kind dann nur noch in Ostberlin oder der DDR sehen.

Dennoch waren die Jahre in Birkenwerder beruflich eine sehr fruchtbare Zeit für mich. Nachdem ich vom *Sonntag* weggegangen bin, war ich kurze Zeit bei der Zeitschrift *Die Neue Gesellschaft*, die über das Leben in der Sowjetunion berichtete. Wir hatten große Schwierigkeiten, Autoren zu finden, denn die Emigranten aus der Sowjetunion wollten nichts erzählen. Auch meine Kollegin nicht. Auf meine Frage, warum sie denn nicht schriebe, sagte sie mir, sie könne das nicht, da sie im Straflager war. Sie hieß Susanne Leonhard und war die Mutter von Wolfgang Leonhard [Autor des Buches »Die Re-volution entläßt ihre Kinder«]. Eines Tages erschien sie nicht mehr in der Redaktion, Mutter und Sohn waren nach Jugoslawien geflüchtet.

Ich wechselte dann an eine Zeitung, die von der Zentralver-waltung für Umsiedler herausgegeben wurde: *Die neue Heimat*. Sie war gedacht für all die Flüchtlinge und Vertriebenen – in Ostberlin hießen sie offiziell »Umsiedler« –, die in der sowjetisch besetzten Zone untergekommen waren. Ich fuhr mit klapprigen Autos kreuz und quer durch die SBZ und schrieb Reportagen, berichtete, wie die Flüchtlinge aufgenommen wurden. Einmal traf ich auf einen Transport »zivilinternierter Frauen«. Sie stammten ursprünglich aus Ostpreußen und waren nach dem Einmarsch der Roten Armee in sibirische Zwangsarbeitslager geschafft worden. Heute wundere ich mich über die Naivität, mit der ich die Berichte der Frauen zur Kenntnis nahm. Haben die Frauen wirklich nur von dem Beerenreichtum des Komi-Gebietes gesprochen, von der Schönheit der sibirischen Wälder, den vielfarbigen bizarren Regenbogen? Hatten sie Angst, anderes zu sagen? Damals ahnte ich nicht, dass unschuldige Männer und Frauen zu Tausenden in den sibirischen Lagern saßen, unter ihnen auch viele überzeugte Kommunisten.

Bei der *Neuen Heimat* hatte ich eine feste Anstellung und war so in den Kulturbetrieb Berlin mit eingebunden. Das brachte manche Vorteile mit sich. So erhielt ich sogenannte *Pajoks*, von den Sowjets ausgegebene Lebensmittelpakete, und im Club der Kulturschaffenden, in einem alten Bürgerhaus in Berlins Mitte, gab es für jeden 15 Mahlzeiten im Monat. Als sich jemand verwundert darüber äußerte, erwiderte ein sowjetischer Kulturoffizier: »Könnte doch sein, dass unter ihnen ein Gorki ist. Sollten seine großartigen Werke ungeschrieben bleiben, nur weil ihm der Magen knurrt?«

1948 wurde die *Neue Heimat* eingestellt, die Umsiedlung galt als abgeschlossen. Ich arbeitete inzwischen schon an meinem Buch über die Widerstandsgruppe »Rote Kapelle«. Im September 1945 hatte ich vom *Sonntag* den Auftrag erhalten, über die Widerstandskämpfer Hans und Hilde Coppi zu schreiben, die beide von den Nazis hingerichtet worden waren; Hilde hatte vor ihrer Hinrichtung im Gefängnis noch ihren Sohn Hans zur Welt gebracht. Ich besuchte Coppis Mutter Frieda, bei der der kleine Hans aufwuchs. Sie gab mir die Briefe zu lesen, die sich dessen Eltern während ihrer Haftzeit schrieben. Diese Briefe haben mich so tief berührt, dass ich mehr erfahren wollte über die Widerstandsgruppe. Mein Buch »Damit Du weiterlebst« erschien 1949. In den folgenden Jahrzehnten lebte ich als freie Schriftstellerin, schrieb Reportagen und zahlreiche Bücher, vorwiegend zu Themen der Gegenwart.

Kapitel 5

Neue Rollen, alte Muster

Am 8. März 1948 versammelten sich in Wien mehrere Tausend Frauen anlässlich des Internationalen Frauentages zu einer großen Demonstration. Auf Transparenten riefen sie ihre Geschlechtsgenossinnen zum Kampf für den Weltfrieden auf und forderten die Rückkehr der Kriegsgefangenen. Zu lange schon hatten sie auf ihre Männer gewartet, sich alleine um die Beseitigung der Trümmer, den Wiederaufbau der Wohnung, die Versorgung der Familie kümmern müssen. Gemeinsam mit ihnen würde das Leben in dieser schweren Zeit endlich leichter werden. Als eines Tages die Männer tatsächlich vor der Tür standen, war die Wiedersehensfreude unbeschreiblich. Doch schon bald machte sich auf beiden Seiten Ernüchterung breit. Die Welt zu Hause war eine andere als jene, die von den Soldaten einst verlassen wurde. Nur wenige fanden die gewohnte Ordnung, die sie nach den traumatischen Kriegserlebnissen und entbehrungsreichen Jahren in Gefangenenlagern ersehnten. Durch den täglichen Überlebenskampf waren die Frauen selbstständiger geworden und nicht mehr daran gewöhnt, sich dem männlichen Führungsanspruch unterzuordnen. Wie schon in den Kriegsjahren hatten sie sowohl in der Familie als auch in der Arbeitswelt die Rolle der Männer übernommen. Nicht nur als Trümmerfrauen, sondern auch in Bereichen, die traditionell den Männern vorbehalten waren. In diesen ersten Nachkriegsjahren schien die Zeit der Frauen gekommen zu sein. Ohne sie ging gar nichts. Längst hatten sie bewiesen, dass sie beruflich »ihren Mann stehen konnten«. Überparteiliche Frauenausschüsse und Frauenorganisationen mischten sich zunehmend in sozialpolitische Belange ein. Forderungen nach gleichem Lohn für Frauen und Männer und nach mehr und besseren Ausbildungsmöglichkeiten für Mädchen in den unterschiedlichsten Berufen wurden gestellt. Mit der Rückkehr der Männer jedoch geriet diese Entwicklung ins Stocken. Die Männer bestanden nicht nur auf ihrem traditionellen Führungsanspruch innerhalb der Familie, sondern wollten auch ihren angestammten Platz in der Arbeitswelt wieder einnehmen. War dieser von einer Frau besetzt, gab es plötzlich vielerlei Entlassungsgründe, zum Beispiel geringe Qualifikation oder fehlender Arbeitsschutz – obwohl all dies bis dahin von niemandem bemängelt wurde. Sich dagegen zu wehren fiel den Frauen schwer – durch die immensen Doppelbelastungen in Haushalt und Beruf fehlte den meisten dafür die Kraft. Die Rolle der Hausfrau und Mutter kam in den westlichen Besatzungszonen wieder in Mode. In der sowjetischen Besatzungszone hatte sich aus den verschiedenen Frauenausschüssen schon 1947 der Demokratische Frauenbund Deutschlands (DFD) gegründet, der die Gleichstellung der Frau in der Gesellschaft zum Ziel hatte und einige gesellschaftspolitische Erfolge erzielte. So zum Beispiel die Einrichtung von Kindergärten für die Entlastung berufstätiger Frauen. Eine deutschlandweite Verbreitung des DFD hatte jedoch aufgrund der einseitigen Ausrichtung auf die Politik der 1946 gegründeten SED keine Chance.

In den sich nach der Währungsreform von 1948 klar herausbildenden zwei Teilen Deutschlands – den drei westlichen Besatzungszonen und der späteren Bundesrepublik sowie der sowjetischen Besatzungszone und späteren DDR – ging es jetzt darum, die Gleichberechtigung der Frau in den auszuarbeitenden Verfassungen der künftigen Staaten gesetzlich festzuschreiben.

Familienalltag in der Krise

Von den über 11 Millionen deutschen Soldaten, die sich 1945 in Kriegsgefangenschaft befanden, wurden bis 1948 alle aus den westalliierten und bis Anfang der Fünfzigerjahre die meisten aus den sowjetischen Lagern entlassen. Zahlreiche Heimkehrer waren schwer krank und mussten in der Familie jetzt noch zusätzlich versorgt werden. Ihre Frauen und Kinder hatten diese Männer höchstens auf kurzen Heimaturlauben während des Krieges zum letzten Mal gesehen, und viele Paare waren sich nach den langen Jahren der Trennung fremd geworden. Sich wieder zusammenzufinden gelang nicht immer, denn die unmenschlichen Strapazen der Nachkriegszeit hatten alle verändert. Um wieder aufeinander zugehen zu können, fehlte ihnen häufig die Kraft. Zwischen 1946 und 1948 verdoppelte sich die Scheidungsrate im Vergleich zur Vorkriegszeit; mit 40 bis 50 Scheidungen pro Tag hielt Berlin den Rekord. Und die Zahl wäre sicher noch höher gewesen bei einem Gesetz, das den »schuldig Geschiedenen« nicht den Unterhalt entzog.

Der Mythos »Mann« gerät ins Wanken

Immer wieder bemerke ich in diesen Tagen, dass sich mein Gefühl, das Gefühl aller Frauen den Männern gegenüber ändert. Sie tun uns leid, erscheinen uns so kümmerlich und kraftlos. Das schwächliche Geschlecht. Eine Art von Kollektiv-Enttäuschung breitet sich unter der Oberfläche bei den Frauen aus. Die männerbeherrschte, den starken Mann verherrlichende Naziwelt wankt – und mit ihr der Mythos »Mann«. In früheren Kriegen konnten die Männer darauf pochen, dass ihnen das Privileg des Tötens und Getötetwerdens fürs Vaterland zustand. Heute haben wir Frauen daran teil. Das formt uns um, macht uns krötig. Am Ende dieses Krieges steht neben vielen anderen Niederlagen auch die Niederlage der Männer als Geschlecht.

Für mich war das nicht so einfach, die Familie zu versorgen und Lebensmittel zu organisieren und meinen Mann zu pflegen. Für Rudi wiederum war das nur schwer zu verkraften. Er hatte gedacht, wenn er nach Hause kommt, könnte er für uns sorgen. Und stattdessen musste er sich von mir versorgen lassen. Er hat sich gar nicht mehr richtig als Mann gefühlt. Er hat gelitten, dass ich das alles allein geschafft hab und dass er mir kaum helfen konnte.

Sie war nicht mehr das Mädchen, von dem ich geträumt hatte

Dann ging der Zug in Richtung Deutschland. Im Rundfunk wurden jeweils die Namen der Heimkehrer bekannt gegeben. Darauf haben mehrere Leute versucht, meine Frau zu erreichen, um ihr zu sagen, dass ich komme. Sie hat mich dann vom Bahnhof abgeholt. Ulkigerweise hat mich mein kleiner Sohn, den hatte ich in meinem Leben vorher nur zweimal kurz gesehen, als Erster in der dunklen Bahnhofshalle aus dem Fenster gucken sehen. Und da hat er geschrien:

»Der Papa, der Papa!« Und ich hatte plötzlich keine Beine mehr, als ich meine Leute gesehen habe. Die waren wie Butter.

Meine Frau hab ich kaum wiedererkannt. Ich war ja zehn Jahre weg gewesen. Mit 29 Jahren wurde ich eingezogen, und mit 39 kam ich aus Russland zurück. Einige Ähnlichkeiten gab es zwar mit der Frau, die ich verlassen hatte, aber die Notjahre in Berlin hatten sie alt werden lassen. Sie war nicht mehr das junge, aufrechte Mädchen, von dem ich so oft geträumt hatte. Sie war abgemagert und grau und sah elend aus ...

Fremd geworden

Mutter war oft selbst niedergeschlagen und mutlos. Sie konnte ihren Mann, der neben ihr und ihrer Tochter Claudia lebte, nicht verstehen. Sie überlegte Tag und Nacht, wie sie ihn aus einer tiefen Depression reißen könnte. Da dachte sie an ihr Spitzennachthemd und zog es vor dem Schlafengehen vor dem Spiegel an. Sie zupfte daran herum und warf immer wieder einen Blick auf ihren Mann, der sie überhaupt nicht beachtete. Da löschte sie das Licht und legte sich beschämt ins Bett. Sie nahm sich vor, das Nachthemd am nächsten Morgen auf dem Schwarzmarkt für Fett einzutauschen. Und so geschah es.

Ich dachte, er müsse es wissen

Wir hatten uns sechs Jahre praktisch nicht mehr gesehen. Als er zurückkam, hatten wir natürlich erst einmal versucht, miteinander warm zu werden. Ich hab ihm dann die ganzen Ereignisse erzählt, die in seiner Abwesenheit vorgefallen waren. Und ich hab ihm auch erzählt, dass ich in Pommern bei Kriegsende mehrmals vergewaltigt worden war. Es war schrecklich gewesen für mich, darüber noch einmal zu sprechen, aber ich dachte, er müsse es wissen. Ich hab ihn dann gefragt, ob er noch mit mir zusammen leben könnte. Er war so schockiert über das, was ich erlebt hatte, dass er sagte, er müsse Zeit haben, darüber nachzudenken. Er konnte nicht sagen, wie er sich entscheiden würde. Das wären so gravierende Ereignisse, die eigentlich genügten, eine Ehe nicht mehr bestehen zu lassen.

Wir hatten uns auseinandergelebt

Meine Frau hatte sich durch den Krieg sehr verändert. Wir hatten sehr jung damals geheiratet. Ich war ihr erster Mann gewesen. Im Bildungsstand war ich etwas weiter als sie, wie es so schön heißt. ... Aber das hatte sich nach den vielen Jahren, in denen sie alleine war, natürlich sehr geändert. Sie hatte sich durchboxen müssen und war selbstständig geworden, sie nahm nicht mehr alles so hin ...

Meine Frau teilte mir mit, dass sie seit zwei Jahren einen Freund habe. Der Mann, mit dem sie mich betrogen hat, war Fleischer. Was wollen Sie da machen? Ich hab mir meine beiden Jungs angesehen und mir gesagt, na ja, du hast ja auch keine Töpfchen anbrennen lassen, als du so lange weg warst. ... Meine Frau brach die Geschichte dann auch gleich ab. Aber wir hatten uns eben auseinandergelebt.

Keine Zeit fürs Seelenleben

Es war Samstag gegen fünf Uhr nachmittags, als es draußen klingelte ... es war Gerd. Wir sagten beide eine ganze Zeit lang gar nichts, starrten uns im dämmrigen Flur an wie zwei Gespenster. ...

Ich war fiebrig vor Freude. ... Er ist ganz erstaunt ob meines unbeschädigten Vorhandenseins. Schüttelte den Kopf über meine Hungersnöte; behauptete, er werde nunmehr das Nötige heranschaffen. In dem Sack hatte er tadellose Kartoffeln sowie einen Kanten Speck mitgebracht. Ich machte mich gleich ans Braten. ... Wir umschlichen einander und sparten mit persönlichen Worten. ... Ich war von dem ungewohnt fetten Essen heiß und übermütig. Fand mich trotzdem zu Nacht eiskalt in Gerds Armen wieder, war froh, als er mich ließ. Bin erst mal für den Mann verdorben. ...

Ich hab Gerd inzwischen meine Tagebuchhefte gegeben. ... meinte, er könne sich nicht durchfinden durch mein Gekritzel und die vielen eingelegten Zettel mit den Stenozeichen und Abkürzungen. »Was soll das zum Beispiel heißen?«, fragte er und deutete auf »Schdg.«. Ich musste lachen: »Na, doch natürlich Schändung.« Er sah mich an, als ob ich verrückt sei, sagte nichts mehr.

Seit gestern ist er wieder fort. ...

Manchmal wundere ich mich darüber, dass ich nicht stärker leide unter dem Zerwürfnis mit Gerd, der mir doch sonst alles war. Mag sein, dass der Hunger die Gefühle dämpft. Ich hab so viel zu tun. Muss schauen, dass ich ein Stück Feuerstein finde für das Gas; denn die letzten Streichhölzer sind verbraucht. Ich muss die Regenpfützen in der Wohnung aufwischen; das Dach leckt wieder, es ist nur mit alten Brettern gedeckt worden. Ich muss herumlaufen und Grünzeug an den Straßenrändern sammeln, muss anstehen nach Grütze. Ich habe keine Zeit für ein Seelenleben.

Friedland, von den Briten als Vertriebenenlager eingerichtet, wurde später zum Durchgangslager für Heimkehrer aus sowjetischer Kriegsgefangenschaft. Mit Fotografien und Beschreibungen hoffen diese Frauen, etwas über ihre Männer zu erfahren.

Mein Mann musste unterschreiben,
dass er einverstanden
damit war, dass ich,
seine Frau, studierte.

Zurück an den Kochtopf?

Die Berufstätigkeit der Frauen war in den Nachkriegsjahren eine Selbstverständlichkeit, und das traditionelle Rollenverständnis schien nicht mehr gültig zu sein. Im Gegenteil: Man erwartete von den Frauen, dass sie sowohl für den Aufbau des Landes zur Verfügung standen als auch ihre Familie ausreichend versorgten. Mit der Rückkehr der Männer und dem Anspruch, den diese wieder auf ihren Arbeitsplatz erhoben, setzte aber eine Wiederbelebung des alten Idealbildes der Hausfrau und Mutter ein. Vor allem nach der Währungsreform im Juni 1948, in deren Folge es zu einer angespannten Arbeitsmarktlage kam, wurden verstärkt Frauen entlassen. Davon betroffen waren vorrangig ungelernte Beschäftigte, doch auch unter den qualifizierten Kräften wurden zum Beispiel verheiratete Ärztinnen, Richterinnen oder Lehrerinnen aufgefordert, ihre Plätze Männern frei zu machen und sich auf ihre »eigentliche« Aufgabe als Frau zu besinnen. Es war ein Prozess, der sich in allen drei westlichen Besatzungszonen vollzog, und einer der Indikatoren, mit denen sich die restaurative politische Entwicklung in der Bundesrepublik der Fünfzigerjahre ankündigte. Von den Forderungen nach gleichen Löhnen für weibliche und männliche Beschäftigte oder einer qualifizierten Ausbildung für Mädchen als Bestandteile einer uneingeschränkten Gleichberechtigung, wie sie noch Ende der Vierzigerjahre gestellt wurden, war nun nichts mehr zu spüren. Anders verlief die Entwicklung in Ostdeutschland und der späteren DDR. Die von der SED-Führung geforderte Steigerung der Produktivität machte die Berufstätigkeit von Frauen unentbehrlich und eröffnete vor allem den Arbeiterfrauen zahlreiche Bildungsmöglichkeiten.

Kein Studienplatz für eine verheiratete Frau

Aus einem Leserbrief an »Die Welt der Frau« im Sommer 1947: Nach all den Mühen und Opfern erhielt ich dann aber mein Gesuch um Zulassung zum Studium mit ablehnendem Bescheid zurück. Auf persönliche Vorstellung hin wurde von den maßgebenden Herren mitgeteilt, dass ich nicht zugelassen werden könne, weil ich verheiratet sei! (Wörtlich: »Eine verheiratete Frau! Wo denken Sie hin! Die Presse würde mich steinigen!«) Ein anderer nannte mich sogar »pathologisch asozial«! Sie werden sich vorstellen können, dass diese Begründung mich schlechthin erschüttert hat. Gibt mir nicht mein ernstes Interesse am Studium das Recht dazu, und habe ich nicht durch die Begabung, die ich zu haben glaube, die Pflicht zur Bildung? Steht unsere Verfassung nur auf dem Papier?

»Nur die größten Kälber wählen sich ihre Metzger selber«

Schon 1946 warnte die liberale Politikerin Marie Elisabeth Lüders in der Frauenzeitschrift »Der Silberstreifen« vor dem Zurückdrängen der Frauen in ein überholtes Rollenverhalten:

Es war bekanntlich der republikanische Reichstag, der endlich den Frauen das Recht gab, die zweite juristische Prüfung zu machen und damit auch zum Richteramt zugelassen zu werden. Die nationalsozialistische Regierung entfernte ab 1933 schleunigst alle Frauen aus dem Richteramt und sperrte ihnen in der Folge den weiteren Zugang zum Richteramt grundsätzlich. Jetzt holen Parteivertreter – auch solche, die sich für mehr als »demokratisch« halten – diesen alten nationalsozialistischen Ladenhüter wieder hervor, einerlei, ob die betreffende Frau sämtliche vom zuständigen Minister in der Öffentlichkeit vertretenen Voraussetzungen weit mehr als erfüllt.

Eine Illusion?

Frauen müssen arbeiten – das soll nicht nur das Ergebnis einer mit Menschen durchgeführten und an sich betrüblichen Rechnung sein. Das ist auch eine Forderung.

Das Wort von der Emanzipation ist abgedroschen. Es bedarf auch dieses Wortes nicht mehr. Der Frauenüberschuss ist eindeutig. Zwischen 18 und 40 Jahren kommen auf 1000 Männer 1242 Frauen. Das besagt alles. Die Frauen sind also nicht nur an sich, sie sind speziell im leistungsfähigen Alter in der Mehrzahl. Die Zunahme der Frauenarbeit ist die unabwendbare Folge. Die Gleichberechtigung der Frau in politischer, allgemein-sozialer, gesellschaftlicher und endlich auch psychischer Hinsicht ist unausbleiblich.

Wir warten darauf, wann und von wem die geliebte Parole »Die Frau gehört ins Haus« zuerst wieder als parteiprogrammatische Parteiforderung aufgestellt werden wird. Und wir warten weiter darauf, ob und wie viele Frauen dann politisch wieder genauso urteilslos und kurzsichtig sein werden, solche Parteien zu wählen, wie sie ehedem den nationalsozialistischen »Führern« gefolgt sind, für die sie ihre Männer im Felde opfern und sich Haus und Hof in Trümmer legen lassen durften. »Nur die größten Kälber wählen sich ihre Metzger selber.«

Wir haben alle sehr bald nach Kriegsende erkannt, was da läuft. Frauen, die vorher Straßenbahn fahren durften, waren plötzlich nicht mehr geeignet. In dem Augenblick, in dem die Männer wieder zurückgekehrt sind, haben sie ihre Positionen wieder eingenommen.

*Hella Maron (rechts) und
ihre Freundin Lucie.*

»Im Mai 1945 begann meine Arbeit im Magistrat«

Hella Maron, 1915–2010, erlebte das Kriegsende in Berlin

Für mich war der Krieg am 26. April 1945 aus, mittags um 12 Uhr. Mit meiner Freundin Lucie bin ich raus aus dem Keller, um zu sehen, was oben los ist. Unsere Straße, die Schillerpromenade in Berlin-Neukölln, war völlig leer, nur von Weitem sahen wir zwei Männer in Uniform auf Fahrrädern näher kommen. Ich sagte zu Lucie: »Sag mal, sind das Deutsche?« Sie aber nur wenige Augenblicke später: »Nee, das sind Russen – Russen! Russen!« Sie fuhren an uns vorüber, ich aber stand da und heulte wie ein Schlosshund. Meine Angst war zu Ende, plötzlich fühlte ich mich befreit. Als Halbjüdin mit einem polnischen Pass lebte ich bis dahin immer in der Angst, dass mir selbst noch etwas widerfahren könnte. 1938 war mein jüdischer Vater ausgewiesen worden; wie wir später erfuhren,

142

starb er 1942, möglicherweise im Kulmhof (Chelmno), einem Vernichtungslager für Juden. Wenige Wochen vor ihm war meine Mutter in ihrem Dorf Kurow verstorben, wo sie damals Unterkunft fand.

Schon 1905 hatten meine Eltern die polnische Stadt Łódz verlassen, um in Berlin Arbeit zu finden. Beide kannten sich aus der Baptistengemeinde, denn mein Vater war schon vor 1900 zum Christentum übergetreten. Ihr letztes Zuhause in Berlin war die Schillerpromenade 41 in Neukölln – in Neukölln bin ich 1915 auch geboren worden. In der Wohnung meiner Eltern lebte ich 1945 mit meiner Schwester Marta, meinem Bruder Paul, meiner Freundin Lucie und meiner vierjährigen Tochter Monika. Lucie kam zu uns nach dem großen Bombenangriff auf Kreuzberg im Februar 1945.

Lucie kannte ich seit vielen Jahren, sie gehörte zu den Jungkommunisten, war vor 1933 sogar einige Zeit in Moskau bei der Jugendinternationale gewesen. Ihren Russischkenntnissen verdankten wir es, dass wir von den Soldaten der Roten Armee in Ruhe gelassen wurden, die auf unserem Hof kampierten. Sie beschwerte sich bei dem Politoffizier über die Belästigungen, fortan ließ man uns zufrieden.

Lucie war es schließlich auch, die meinem Leben eine neue Richtung gab: Eines Tages entdeckten wir an einer Häuserwand in der Hermannstraße einen Aushang, vielmehr einen unauffälligen, maschinengeschriebenen Zettel. Auf dem wurde die Gründung des Berliner Magistrats am 17. Mai bekannt gegeben, darunter standen die Namen von Karl Maron, dem ersten Stellvertreter des Oberbürgermeisters, und dem Stadtrat Arthur Pieck. Lucie kannte die beiden aus Moskau, erzählte begeistert von gemeinsamen Erlebnissen und überredete mich, sie zu besuchen. Eigentlich wollte ich nicht, denn es fuhr ja nichts. Aber dann haben wir uns zwei Tage später doch auf den Weg gemacht, von Neukölln zum Stadthaus nahe dem Alexanderplatz. Wir liefen Stunden nur durch zerstörte Straßen, die man aber nicht mehr als solche erkennen konnte, über Berge von Trümmern, durch Sand- und Steinwüsten; heiß war es noch dazu. Völlig verschwitzt und verstaubt kamen wir im Büro Arthur Piecks, des Sohnes des späteren Präsidenten der DDR Wilhelm Pieck, an, im Vorzimmer wimmelte es nur so von Leuten, meist Kommunisten, darunter viele in Sträflingskleidern, als seien sie direkt aus dem KZ gekommen. Über die Sekretärin schickte Lucie einen Zettel zu ihrem Freund »Atze«, und der holte uns auch gleich rein, als ob er auf uns gewartet hätte: »Ihr kommt ja wie gerufen!« Im neuen Magistrat brauchten sie unbedingt Sekretärinnen, suchten nach Leuten, denen sie vertrauen konnten. Mit unseren Freundinnen sollten wir am nächsten Tag gleich wiederkommen. Tags darauf machten wir uns also zu fünft wieder zu Fuß ins Zentrum auf. Ich kam in das Büro des stellvertretenden Oberbürgermeisters Karl Maron. Zehn Jahre später würden wir heiraten – aber das ahnte jetzt noch niemand.

Der erste Magistrat setzte sich aus Kommunisten sowie Vertretern der SPD, CDU, LDP und Parteilosen zusammen. Unterstellt war er den vier Stadtkommandanten der Alliierten, deren Verbindungsoffiziere ebenfalls eigene Büros hatten.

Oft genug glaubte man, die Arbeit nicht schaffen zu können. Es gab ja nichts. Wie sollte man so eine völlig zerstörte Stadt wieder aufbauen, wie die Menschen versorgen, wie Wohnungen beschaffen, wie Kranke versorgen, wie U-Bahn und Straßenbahn wieder in Gang bringen? Ich wurde über Maßen gefordert, habe ganz viel schon im Sekretariat erledigen müssen, das aber schnell in den Griff gekriegt. Gearbeitet haben wir von morgens bis spätabends – und dennoch: Es war die allerschönste Zeit meines Lebens. Eine Aufbruchszeit für mich. Dieses Befreitsein! Abends feierten wir oft noch, tanzten nach Schallplatten zu Hause oder bei Freundinnen. Ich hatte noch einen Vorrat an Wein, denn bis 45 war ich in einer Likörfabrik und Weingroßhandlung beschäftigt.

Gehungert haben wir nicht mehr, wir Magistratsangestellte bekamen jeden Tag Essen. Ich verstand allerdings nicht, dass den Stadträten ein besseres Essen in einem extra Speiseraum serviert wurde. Das entsprach nicht meinen Vorstellungen vom Sozialismus – wir hatten zwar eine antifaschistische Ordnung, aber man wusste ja, wo es hingehen sollte.

Nach den ersten Magistratswahlen im Oktober 1946 erhielt die SED, zu der sich im April 1946 in der sowjetisch besetzten Zone KPD und SPD zusammengeschlossen hatten, weniger Stimmen, sodass sie nur noch drei Stadträte und einen stellvertretenden Oberbürgermeister stellten. Es existierte aber nun wieder ein Abgeordnetenhaus, wo Karl Maron den Vorsitz der SED-Fraktion übernahm. Ich blieb seine Sekretärin. Aus unserer gemeinsamen Arbeit entwickelten sich schnell Zuneigung und Liebe. 1951 zogen wir dann auch zusammen.

Im Herbst 1948 spitzten sich die Auseinandersetzungen zwischen Kritikern der Politik des Magistrats von unserer Seite und deren Anhängern so zu, dass es zu ständigen Demonstrationen vor dem Neuen Stadthaus kam. In der Folge zogen die Magistratsmitglieder und Abgeordneten der SPD ins Schöneberger Rathaus. Damit war faktisch die Teilung der Stadt vollzogen. Ein Magistrat existierte künftig nur im sowjetischen Sektor, in Westberlin fortan der Senat. In unserer Pressestelle ist nach dem Weggang der SPD-Leute nur ein Angestellter übrig geblieben, und so schickte man mich dorthin. Bald darauf wurde ich Leiterin der Pressestelle.

Ich wohnte damals noch in Neukölln, das zum amerikanischen Sektor, also zu Westberlin gehörte. Dadurch kam es natürlich auch zu Konflikten. So hat man mich einmal verhaftet, weil ich in meiner Straße das *Neue Deutschland* vertrieb; die SED-Zeitung war im amerikanischen Sektor verboten. Ich wurde zu einem Monat Haft oder 500 DM Strafe verurteilt. Die Partei zahlte das Geld für mich. Als sich dann auch der amerikanische Geheimdienst für mich interessierte, wurde es für mich Zeit, in den Ostteil der Stadt zu ziehen. Das war 1950, ich besuchte damals schon die Parteihochschule der SED in Kleinmachnow. Später ging ich für vier Jahre als Journalistin zum *Neuen Deutschland*, bevor ich 1956 die Chefredaktion der *Handelswoche* übernahm.

1949 kam der Vater meiner Tochter Monika aus der Gefangenschaft, zehn Jahre nachdem er eingezogen worden war. Das war eine schwierige Situation für mich: hin- und hergerissen zwischen Schuldgefühlen ihm gegenüber – obwohl ich Halbjüdin war, stand er während der Nazizeit mit großer Entschiedenheit zu mir – und der Liebe zu Karl Maron. Aber in den vergangenen zehn Jahren waren so viele Dinge geschehen, die auch mich verändert hatten, und so habe ich ein ganz neues Leben begonnen.

Frauen und Demokratie

Haben wir Frauen versagt?« – unter dieser Überschrift setzte sich die Autorin Elfriede Alscher im Heft 8/1946 der Frauenzeitschrift *Der Regenbogen* mit der Frage auseinander, wie viel Mitschuld die Frauen an der Katastrophe des Dritten Reiches trugen. Und sie forderte auf, mitzutun am Aufbau einer neuen, demokratischen Gesellschaft, damit ein solches Unheil nicht noch einmal geschehen könne.

Zu den Frauen, die sich in den ersten Nachkriegsjahren politisch engagierten, gehörten auch jene, die schon in der Weimarer Republik in Parteien und Organisationen aktiv mitgearbeitet hatten. Sie fanden sich in Frauenausschüssen zusammen, gründeten neue Frauenzeitschriften, die sich nicht nur der Mode und Schönheit, sondern ebenso politischen Themen widmeten, arbeiteten als Redakteurinnen und Journalistinnen für Zeitungen, Zeitschriften und den Rundfunk.

Demonstration zum
1. Mai 1946 in Berlin.

Wir suchten nach neuen Orientierungen

Die Publizistin Carola Stern absolvierte in der SBZ eine Ausbildung zum Neulehrer.

Morgens stiegen wir hinunter in den Roten Salon des Grafen von Plauen, einst als Festsaal mit Plüschsesseln, schweren Vorhängen und Marmorfiguren ausgestattet, der nun als Hörsaal diente, in dem 8o junge Frauen und Männer Geschichtsvorlesungen hörten. ... Fast alle, so auch ich, suchten nach unserer Erziehung im NS-Staat nach neuen Orientierungen und neuem Halt. Wir sahen ein, dass ein völliger Neubeginn notwendig war, und waren jenseits parteipolitischer Bindungen und Überzeugungen bereit, daran auch mitzuwirken.

Frauen rufen die Demokratie!

Der Süddeutsche Frauenarbeitskreis, die erste im amerikanisch besetzten Gebiet lizenzierte überparteiliche und überkonfessionelle Frauenorganisation, hält am Donnerstag, den 16. Mai 1946 um 18.15 Uhr im Hörsaal 224 der Universität München seine erste öffentliche Kundgebung ab unter der Devise »Frauen rufen die Demokratie«. Es werden sprechen: über die Themen »Die Frau in Staat und Gesellschaft« Kreistagsabgeordnete und Gemeinderätin Lisa Albrecht, Mittenwald; »Die Frau im Beruf« Redakteurin Else Reventlow, München; »Die Frau in der Familie« Leiterin des Frauenfunks Ilse Weitsch, München; »Die Frau und die Jugend« Luise Rinser-Herrmann, Kirchanschöring; »Die Frau und der Frieden« Grete Lenz-Oevel, Grainau. – Frauen und Männer aller Stände und Berufe sind eingeladen. Bei Überfüllung wird die Kundgebung wiederholt.

»Meinen ersten Artikel schrieb ich für die *Neue Zeitung*«

Hildegard Hamm-Brücher, *1921,
erlebte das Kriegsende in München

Geboren wurde ich 1921 in Essen. An ein Chemiestudium hatte ich zunächst nicht gedacht, aber dass ich während des Krieges überhaupt studieren konnte, war für mich ein Mordsglück. Ermöglicht hat mir das Nobelpreisträger Heinrich Wieland. Er war der einzige Professor an der Münchner Ludwig-Maximilians-Universität, der mich und andere von den Nürnberger Rassengesetzen als »Mischling« Ausgegrenzte annahm. Wieland gehörte zu den wenigen Professoren an deutschen Universitäten, die sich von dem System nicht missbrauchen ließen und etwas dagegensetzten, denn eigentlich waren wir laut der »Nürnberger Gesetze« illegal an der Universität.

Einen solchen Schutzengel hatte meine Familie nicht. Meine Großmutter, bei der wir Geschwister in Dresden aufgewachsen waren, nahm sich das Leben, um der Deportation zu entgehen. Meine zwei Brüder befanden sich im Zwangsarbeiterlager und die Schwester auf einem Gut in Schlesien. Wir waren alle gefährdet. Erst nach dem Krieg sollten wir uns wiedersehen.

An der Universität bewegte ich mich in einem Freundeskreis, zu dem auch die Mitglieder der erst nach dem Krieg so genannten »Weißen Rose« gehörten. Ich kannte sie alle mehr oder weniger. Als sie verhaftet und hingerichtet wurden, hat mir das einen unwahrscheinlichen psychischen Schock versetzt. Ich war der Meinung, ich müsste jetzt unbedingt auch in den Widerstand gehen. Ein Freund aber redete mir das aus, sein Argument leuchtete mir ein, dass von denen, die später etwas tun wollten, ein paar den Krieg schließlich überleben müssten. Und ich wollte etwas tun. Ich beendete mein Studium und promovierte. Das Schicksal und Gottes gutes Geleit haben mich überleben lassen.

Eine Fortsetzung meiner wissenschaftlichen Arbeit am chemischen Institut war nach dem Ende des Krieges nicht mehr möglich, da die Alliierten zunächst die Grundlagenforschung auf dem Gebiet der Chemie und Biochemie verboten. Wie aber sollte es weitergehen? Wie sollte unsere Familie überleben? Mein Bruder Ernst wurde erst einmal zum »Fachmann« für Schwarzhandel, und im Sommer ging das alles noch einigermaßen. Aber im Herbst 1945 wurde die Frage für uns Geschwister ernst. Wir hielten Familienrat. Ernst hatte noch nicht einmal das Abitur, Dietmar stand kurz vor seinem Ingenieursexamen, meine Schwester Mechthild musste ihre Lehrerausbildung fortsetzen. Und keiner hatte Geld. Ich bekam ein halbes Assistentengehalt, das war so gut wie nichts: 185 Reichsmark, damit konnte man nicht mal mit Lebensmittelkarten existieren. Meine Brüder hatten schließlich die Idee, ich sollte doch mit meinen chemischen Kenntnissen im Journalismus punkten, denn ich hätte ja schon in der Schule gute Aufsätze geschrieben.

Am 18. Oktober 1945 war in München die erste Nummer der *Neuen Zeitung* erschienen, eine Zeitung der Amerikaner für die amerikanische Besatzungszone, die den Deutschen zeigen sollte, was Demokratie bedeutet. Dort versuchte ich mein Glück. Die Redaktion befand sich in der Schellingstraße, wo zuvor der *Völkische Beobachter* produziert worden war. Das im Krieg etwa zu drei Vierteln zerstörte Gebäude sowie die Setz- und Druckmaschinen hatten die Amerikaner schon wieder funktionsfähig gemacht. Mich empfing der junge Offizier Max W. Kraus. Von dem Auftritt des »Wundermädchens« – ich war ja noch nicht einmal 25 Jahre alt und schon promoviert – war er offenbar beeindruckt: Nach dem Ausfüllen des umfangreichen Fragebogens erhielt ich den Auftrag für einen Probeartikel über den berühmten jüdischen Chemiker und Nobelpreisträger Fritz Haber. Die Recherche gestaltete sich schwierig, da viele Archive zerstört waren, doch fand ich im Keller des Deutschen Museums dann genügend Material, um etwa eine halbe Doktorarbeit zu schreiben. Ich lieferte den Text ab – und hörte erst einmal nichts.

Irgendwann, Wochen später, sprach mich jemand an: »Sie haben ja einen so wunderbaren Artikel über Fritz Haber geschrieben.« Aus der halben Doktorarbeit war zwar ein kleiner Zweispalter geworden, aber darüber stand: »Leben und Werk von Fritz Haber von Hildegard Brücher«! Außerdem gab es ein sehr gutes Honorar. Ich bekam nun weitere Aufträge als freie Mitarbeiterin. In der Redaktion lernte ich meinen Jugendschwarm Erich Kästner kennen, der das Feuilleton leitete. Er und Luiselotte Enderle, seine Stellvertreterin und Lebensgefährtin, zeigten mir erst einmal, wie man das eigentlich macht, das Artikelschreiben. Ich schrieb zum Beispiel über das Entlausungsmittel DDT, mit dem damals all die Menschen in den Flüchtlingslagern Bekanntschaft machten, über das Penicillin, mit dem der Medizin erstmals ein wirksames Mittel gegen Infektionskrankheiten in die Hand gegeben war, und als das Thema der Atomenergie aktuell wurde, war ich voll im Geschäft. Ich kannte ja Werner Heisenberg und Otto Hahn aus meiner Studienzeit. Ich trampte nach Göttingen, wohin die beiden Atomwissenschaftler nach ihrer Internierung in England zurückgekehrt waren, und machte mein erstes Sensationsinterview mit Otto Hahn. Das war schon 1946. Danach bot man mir eine Festanstellung an, mit einem horrenden Gehalt: 1500 Reichsmark.

Zudem gab es jeden Tag Essen in der amerikanischen Kantine, dazu dicke Weißbrotscheiben, manchmal auch Donuts, und das wurde auch mit nach Hause genommen. Aus den größten Schwierigkeiten waren meine Familie und ich nun raus.

In den ersten Monaten des Bestehens der *Neuen Zeitung* waren alle leitenden Stellen, bis auf die des Feuilletons, mit Amerikanern besetzt, darunter vor allem mit deutschen und jüdisch-deutschen Emigranten. Den Posten des Chefredakteurs hatte anfangs der österreichische Schriftsteller Hans Habe, ab 1946 dann Hans Wallenberg, ehemals bei Ullstein in Berlin. Nach und nach wurden auch weitere deutsche Reporter und Redakteure eingestellt, so lernte ich unter anderem Peter Böhnisch, Robert Lembke und Egon Bahr kennen. Die Zeitung erschien bald nicht mehr nur zweimal in der Woche, sondern täglich, und der Umfang wuchs von vier auf sechs Seiten. Als wissenschaftliche Redakteurin betreute ich nun eine eigene Spalte »Forschung und Wissen«, später sogar eine halbe Seite. Wie stolz war ich, als ich meine erste Sekretärin bekam.

Ende 1946 sagte ich mir dann: Das ist ja alles ganz schön, aber ich kann ja nicht das tun, was ich mir einst vorgenommen hatte. Worüber ich schreiben soll, das sagen mir andere, mein Ziel aber war es, etwas Eigenes zu tun. Ein Zufall kam mir jetzt wieder zu Hilfe. Für eine Artikelserie über den Aufbau eines neuen Schulsystems und der Universitäten in den Ländern der amerikanischen Zone kam ich auch in das nördliche Württemberg-Baden. In Stuttgart, auf der Suche nach dem Minister, von dem ich nicht einmal wusste, wie er hieß, sprach ich auf dem Flur der provisorisch hergerichteten Technischen Hochschule einen alten Herrn in einem von Zigarrenasche etwas in Mitleidenschaft gezogenen Anzug an und fragte ihn nach dem Kultusminister. Daraufhin erwiderte er in schönstem Schwäbisch: »Hier gibt es keinen Kultusminister, sondern nur einen Kultminister, und der bin ich.« Es war Theodor Heuss. Er unterhielt sich dann mit mir, lud mich am Abend zu sich und seiner Frau ein, mit der er in einem Zimmer lebte. Er war der erste Deutsche, der mir etwas Positives über die Demokratie erzählte. Die anderen Deutschen waren so skeptisch oder so dagegen oder trauerten ihrem Führer nach – das war wirklich ungeheuer. Heuss vertrat die Meinung, dass, wenn die wirtschaftliche Lage in der Weimarer Republik besser gewesen wäre, ein demokratisches Deutschland vielleicht hätte gelingen können – aber wir hätten keine Demokraten gehabt. Deshalb käme es jetzt darauf an, die Menschen dafür zu gewinnen, die ihnen von den Alliierten gegebene zweite Chance zu nutzen. Und dann sagte er den berühmten Satz: »Mädle, Sie müsse in die Politik.« Heuss' Gedanken und Erfahrungen waren für meine künftige politische Tätigkeit ungemein wichtig. Ich beschränkte mich zu keiner Zeit nur auf die Parlaments- und Parteiarbeit, immer habe ich die Bürgergesellschaft, die Lebensform Demokratie zu einem weiteren Schwerpunkt gemacht. Durch das Gespräch mit Heuss bekam ich nun einen Zugang zu dem, was ich ursprünglich wollte – die Menschen für die Demokratie gewinnen.

Zunächst aber ging die Arbeit für die Zeitung weiter, und ich hörte erst einmal weder etwas von Heuss noch von der sich gerade gründenden liberalen Partei. Mitte 1947 erschien dann in der Redaktion Thomas Dehler, dem Heuss empfohlen hatte, doch einmal nach dem Fräulein Brücher zu schauen, die sei gut, die solle in die FDP. Thomas Dehler schlug mir vor, bei den Münchener Kommunalwahlen im Mai 1948 für den Stadtrat zu kandidieren. Einwände meinerseits, ich wüsste gar nicht, was das sei, ließ er nicht gelten. Das mache nichts, ich würde sowieso nicht gewählt werden, aber eine junge Frau auf der Liste mache sich gut. Obwohl alle mich für verrückt erklärten, ging ich in den Wahlkampf. Ein Wahlkampf ohne Papier, ohne Versammlungsräume etc. Aus auseinandergeschnittenen Tüten klebten wir Plakate zusammen, auf denen mein mit Wasserfarben gemaltes Konterfei prangte und per Hand geschrieben stand: »Verjüngt den Stadtrat – wählt Hildegard Brücher.« Diese acht Plakate klebten wir dann mit dem von mir eigenhändig angerührten Kleister an Ruinenmauern in Schwabing. Was keiner von uns ahnte – ich rückte nach vorn auf der Liste, wurde für die FDP in den Münchener Stadtrat gewählt: die jüngste »Rätin« – und dazu noch eine Frau! Sicher hatte das damit zu tun, dass die Münchener meinen Namen schon aus der Zeitung kannten.

Nun war ich also Stadträtin, hatte keine Ahnung, was ich da machen sollte, hatte Angst vor dem Reden, wir Frauen waren doch nicht dran gewöhnt, unsere Meinung zu sagen. Und die Arbeit war ganz anders, als ich mir das vorstellte. Nicht so, dass man jetzt Politik machen konnte. Ging es doch in erster Linie darum, die Stadt wieder funktionsfähig zu machen. So habe ich alte Säcke besorgt, damit in den halb zerstörten Schulen Räume gesäubert werden konnten, oder Dachpappe herangeschafft und beim Decken des Schuldaches geholfen. Ich stellte auch den Antrag, baldmöglichst den Schichtunterricht abzuschaffen. Doch mit dem Hinweis »Fräulein Brücher, Sie müssen noch viel lernen«, prognostizierte Oberbürgermeister Thomas Wimmer dafür einen Zeitraum bis 1990! Alltagsprobleme beherrschten die Sitzungen des Stadtrats, Fragen nach der Unterbringung all der Flüchtlinge, nach der Kartoffelversorgung etc. Politische Arbeit oder Parteien spielten zunächst keine Rolle.

Obwohl in diesen Nachkriegsjahren gerade Frauen halfen, in München die Trümmer zu beseitigen, traten sie im öffentlichen Leben noch kaum in Erscheinung. Sowohl im Stadtrat als auch in der Redaktion waren sie unterrepräsentiert. Nur wenige Frauen betätigten sich damals politisch. Jedoch erfuhr ich durch mein Engagement für die Bildung, für die Schulen im Stadtrat viel Unterstützung, gerade von Frauen. Eine fabelhafte Frau leitete den Frauenfunk in München: Ilse Weitsch. Sie setzte neue Akzente in einem Programm für Frauen, forderte die Hörerinnen dazu auf, sich stärker politisch zu engagieren. Vor der dritten Lesung des Grundgesetzes, in der es um die Aufnahme des Gleichberechtigungsparagrafen ging, organisierte sie eine Postkartenaktion, für die sie mich um Unterstützung bat. In dem Radiointerview, das sie mit mir führte, forderten wir die Frauen auf, Postkarten zu schreiben und so für den Paragrafen zu stimmen. Waschkörbeweise kamen die Karten an! Es war die erste große politische Aktion der Frauen seit 1945. Die Aufnahme des Satzes »Männer und Frauen sind gleichberechtigt« in das Grundgesetz war Voraussetzung dafür, dass später gegen noch gültige, frauendiskriminierende Gesetze beim Bundesverfassungsgericht geklagt werden konnte.

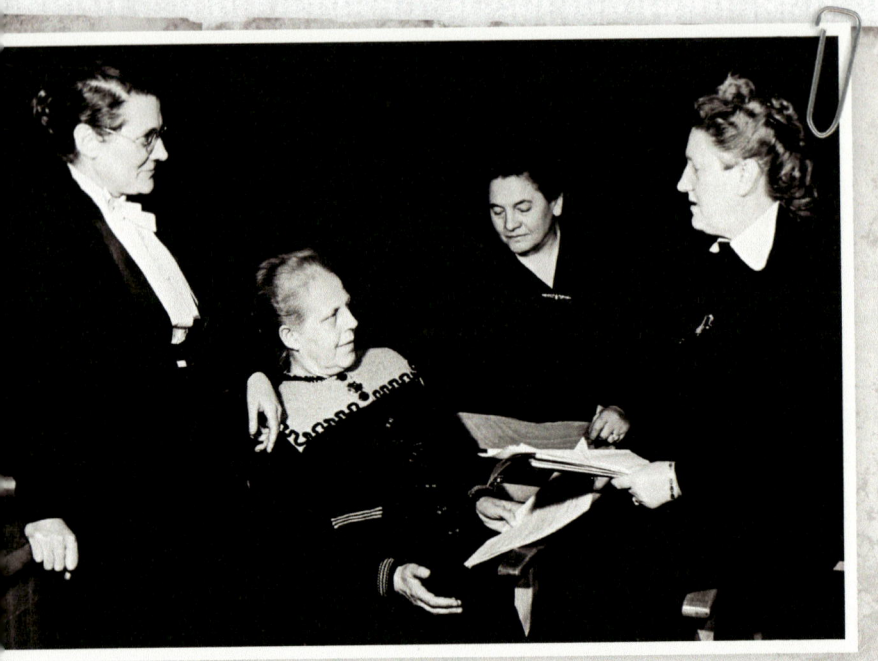

Die »Mütter« des Grundgesetzes, von links: Helene Wessel, Helene Weber, Friederike Nadig und Elisabeth Selbert.

Kampf um die Gleichberechtigung

Mit dem Zerbrechen der Anti-Hitler-Koalition der ehemaligen Alliierten und dem Fortschreiten des Kalten Krieges zerbarsten auch die Hoffnungen auf die Wiederherstellung eines einheitlichen deutschen Staates. Auf der am 1. Juni 1948 endenden Londoner Konferenz einigten sich die USA, Großbritannien und Frankreich auf die Bildung eines föderalistischen, demokratischen Staates in den drei Westzonen Deutschlands und führten dort am 20. Juni die Währungsreform durch. Die Sowjetunion reagierte mit der Berlin-Blockade und zog in ihrer Zone Ende Juni mit noch provisorischem Geld nach. Die Teilung Deutschlands war so faktisch vollzogen: Am 23. Mai 1949 wurde die Bundesrepublik Deutschland und am 7. Oktober desselben Jahres die Deutsche Demokratische Republik (DDR) gegründet.

Im August 1948 traten auf der Herreninsel im Chiemsee die Ministerpräsidenten der Länder zum sogenannten »Verfassungskonvent« zusammen, der am 1. September dem in Bonn tagenden Parlamentarischen Rat einen ersten Verfassungsentwurf der künftigen Bundesrepublik vorlegte. Von einem aussagekräftigen Gleichberechtigungsparagrafen konnte hierin keine Rede sein, hieß es doch lediglich: »(1) Vor dem Gesetz sind alle gleich. (2) Der Grundsatz der Gleichheit bindet auch den Gesetzgeber. (3) Jeder hat den Anspruch auf gleiche wirtschaftliche und kulturelle Entwicklung.«

Anders als im Verfassungskonvent, dem nur Männer angehörten, gab es unter den 70 Mitgliedern des Parlamentarischen Rates vier Frauen: Helene Weber (CDU), Helene Wessel (Zentrum) sowie Friederike Nadig und Elisabeth Selbert von der SPD. Es war vor allem die Juristin Elisabeth Selbert, die die Aufnahme der Formulierung »Männer und Frauen sind gleichberechtigt« in das Grundgesetz forderte. Am 1. Dezember 1948 wurde ihr Antrag zum zweiten Mal abgelehnt, denn dieser eigentlich harmlos klingende Satz hatte es in sich. Wie die Christdemokraten treffend bemerkten, würden dadurch »fast alle Bestimmungen über Ehe- und Familienrecht über den Haufen geworfen und außer Kraft gesetzt«. Dazu gehörten zum Beispiel Bestimmungen wie: »Dem Manne steht die Entscheidung in allen das gemeinschaftliche Leben betreffenden Entscheidungen zu.« Oder: »Zu Arbeiten im Hauswesen und im Geschäft des Mannes ist die Frau verpflichtet.« Aber gerade um die Beseitigung solcher, die Frauen diskriminierenden Bestimmungen ging es Elisabeth Selbert. Denn, wie sie es selbst formulierte, hätte die Frau, »die während der Kriegsjahre auf Trümmern gestanden und den Mann an der Arbeitsstelle ersetzt hat, heute einen moralischen Anspruch darauf, so wie der Mann bewertet zu werden«. Und Elisabeth Selbert war bereit, dafür zu kämpfen. Vor dem Hauptausschuss drohte sie am 3. Dezember: »Sollte der Artikel in dieser Fassung heute wieder abgelehnt werden, so darf ich Ihnen sagen, dass in der gesamten Öffentlichkeit die maßgeblichen Frauen wahrscheinlich dazu Stellung nehmen werden, und zwar derart, dass unter Umständen die Annahme der Verfassung gefährdet ist.« Als die Ausschussmitglieder dies schlichtweg ignorierten, setzte in den westlichen Besatzungszonen eine bis dahin kaum vorstellbare Aktion der Frauen für ihre Rechte ein. Die Arbeitsgemeinschaften der Frauenringe, Frauenausschüsse, Gewerkschafterinnen, Gemeinderätinnen, weibliche Landtagsabgeordnete und Journalistinnen riefen die Frauen landesweit auf, die Forderung Elisabeth Selberts zu unterstützen. Unter ihnen befand sich im Übrigen auch die junge Münchener Stadtverordnete Hildegard Brücher, die gemeinsam mit Ilse Weitsch vom Münchener Frauenfunk in der bayerischen Landeshauptstadt aktiv wurde.

»Waschkörbeweise« trafen Eingaben und Protestschreiben ein, zur Überraschung der Herren im Parlamentarischen Rat. Den »erfreulich lebhaften Widerhall in der Öffentlichkeit« konnten sie nicht mehr ignorieren. Am 18. Januar 1949 wurde der Satz »Männer und Frauen sind gleichberechtigt« einstimmig angenommen; er steht als Artikel 3 im Grundgesetz. »Es war die Sternstunde meines Lebens«, sagte Elisabeth Selbert noch 30 Jahre später.

Zusätzlich wurde in der Verfassung festgelegt, dass bis zum 31. März 1953 alle Gesetze, Erlasse, Verordnungen und Verträge auf den Gleichheitsgrundsatz hin zu überprüfen seien. Allerdings ließ die christlich-liberale Regierung unter Konrad Adenauer diese Frist einfach verstreichen. Im restaurativen Klima der jungen Bundesrepublik störte das auch nur noch wenige. Eine endgültige Umsetzung des Gleichberechtigungsparagrafen sollte noch einige Jahre dauern. Erst 1977 war sie abgeschlossen.

Im Jahr 2006 erinnerte Jutta Limbach, ehemalige Präsidentin des Bundesverfassungsgerichts, an Elisabeth Selbert: »Es hat nach Elisabeth Selberts Sternstunde noch eines halben Jahrhunderts bedurft, um das deutsche Recht egalitär zu formulieren. Doch die Rechtswirklichkeit hinkt trotz einiger sichtbarer Erfolge – immerhin haben wir eine Bundeskanzlerin! – noch immer hinter der formalen Rechtsgleichheit her. Es bleibt darum nach wie vor viel zu tun. ... Gleichwohl oder gerade deswegen ist und bleibt dieser kleine Satz ›Männer und Frauen sind gleichberechtigt‹ das Fanal und die Verheißung, die beide Geschlechter verpflichtet und für die alle nachfolgenden Generationen von Frauen Elisabeth Selbert Dank schulden.«

Dank

Mein Dank gilt allen Zeitzeuginnen für die Unterstützung meiner Arbeit an diesem Buch, für die interessanten und ausführlichen Gespräche, die ich mit ihnen führen durfte. Danke auch für die Fotografien sowie das Material, das sie dem Verlag so bereitwillig zur Verfügung stellten. Bedanken möchte ich mich weiterhin beim Verlag, bei Elisabeth Sandmann für ihre wertvollen Ratschläge, bei Eva Römer für ihre hervorragende redaktionelle Tätigkeit und bei Pauline Schimmelpenninck für die Arbeit am Layout. Ein Dankeschön geht darüber hinaus an Isabella Lechner, die freundlicherweise die beiden österreichischen Zeitzeuginnen interviewt hat, und an Jost Heino Stegner für das kritische Lesen meiner Texte.

Antonia Meiners

Quellennachweis

Anonyma, *Eine Frau in Berlin. Tagebuchaufzeichnungen vom 20. April bis 22. Juni 1945*. Mit einem Nachwort von Kurt W. Marek © AB – Die Andere Bibliothek GmbH & Co. KG, Berlin 2003, 2011 (erschienen 2003 als Band 221 in der Anderen Bibliothek im Eichborn Verlag, Frankfurt am Main), S. 23 o., 40 u., 41 o., 41 u., 42 o., 42 u., 57, 58 m., 94 u., 104 o., 105 o., 114 o., 122 u., 134 o., 136 u.

ARGE Generationendialog (Hg.), *Aus der dunklen in eine helle Zeit. Frauengeschichten aus den Aufbaujahren 1945–1955*. Wien, echomedia buchverlag 2005, S. 141 u.

Autze, Rajan, *Treibgut des Krieges. Flüchtlinge und Vertriebene in Berlin 1945* © 2001 Ullstein Buchverlage GmbH, Berlin, S. 27 u., 36 u., 37 o., 38 u., 87 u.

Deutschkron, Inge, *Ich trug den gelben Stern*. Erstmals erschienen 1978 im Verlag Wissenschaft und Politik, Köln © 1992 Deutscher Taschenbuch Verlag, München, S. 103 u.

Deutschkron, Inge, *Mein Leben nach dem Überleben*. Erstmals erschienen 1992 im Verlag Wissenschaft und Politik, Köln © 1997 Deutscher Taschenbuch Verlag, München, S. 85 u.

Elliger, Katharina, *Und tief in der Seele das Ferne. Die Geschichte einer Vertrei-*

bung aus Schlesien. Copyright © 2004 Rowohlt Verlag GmbH, Reinbek bei Hamburg, S. 24 u.

Franzen, K. Erik, *Die Vertriebenen. Hitlers letzte Opfer.* Propyläen Verlag, Berlin 2001, S. 25 o., 26 u.

Geipel, Ines, *Dann fiel auf einmal der Himmel um. Inge Müller. Die Biografie.* Henschel Verlag in der Seemann Henschel GmbH & Co. KG, Berlin 2002, S. 116 u.

Jacobs, Ingeborg, *Freiwild. Das Schicksal deutscher Frauen 1945* © 2008 Propyläen Verlag in der Ullstein Buchverlage GmbH, Berlin, S. 40 o.

Krockow, Christian Graf von, *Die Stunde der Frauen. Bericht aus Pommern 1944 bis 1947* © 1997, Deutsche Verlags-Anstalt, München, in der Verlagsgruppe Random House GmbH, S. 25 u., 75

Kunstamt Berlin-Kreuzberg / FHXB Friedrichshain-Kreuzberg Museum (Hg.), *Kürbisse im Böcklerpark. Museumsbesucher/innen erzählen von Kriegsende und Neubeginn.* FHXB Friedrichshain-Kreuzberg Museum, Berlin 1995, S. 46 u., 58 u., 60 m., 60 u., 70 o., 101 m., 102 o.

Landeshauptstadt München (Hg.), *Münchner Nachkriegsjahre. Lesebuch zur Geschichte des Münchner Alltags. Geschichtswettbewerb 1995/96.* Buchendorfer Verlag, München 1998 (heute: MünchenVerlag in der Chr. Belser Gesellschaft für Verlagsgeschäfte GmbH & Co. KG), S. 109 u., 114 u., 117 o., 117 u., 123 u., 135 m.

Meyer, Sibylle und Eva Schulze, *Von Liebe sprach damals keiner. Familienalltag in der Nachkriegszeit.* Verlag C. H. Beck, München 1985, S. 58 o., 60 o., 134 m., 134 u., 135 u., 136 o.

Meyer, Sibylle und Eva Schulze, *Wie wir das alles geschafft haben. Alleinstehende Frauen berichten über ihr Leben nach 1945.* Verlag C. H. Beck, München 1985. S. 47 m., 59 m., 71 o., 74 o., 93 m., 101 u., 105 u., 106 o., 108 o.

Schütt, Hans-Dieter, *Inge Keller – Alles aufs Spiel gesetzt*, 1. Aufl. © Verlag Das Neue Berlin, Berlin, 1998, S. 124 o.

Stern, Carola, *Doppelleben. Eine Autobiographie* © 2001, Verlag Kiepenheuer & Witsch GmbH & Co. KG, Köln, S. 70 u., 74 u., 84 m., 102 u., 147 o.

Zierler, Theresia (Hg.), *… und trotzdem gab es Hoffnung! »Trümmerfrauen« aus Österreich berichten* © Leopold Stocker Verlag GmbH, Graz 2006, S. 69 o., 84 u., 93 u.

Literatur

Angermair, Elisabeth, *Die Illusion des Regenbogens. Perspektiven für die Frauen in der Nachkriegsgesellschaft.* Dölling und Galitz Verlag, München 2007

Asmuss, Burkhard und Manuela Friedrich, *1945. Der Krieg und seine Folgen. Kriegsende und Erinnerungspolitik in Deutschland.* Herausgegeben vom Deutschen Historischen Museum Berlin. Druckverlag Kettler, Bönen 2005

Boveri, Margret, *Tage des Überlebens. Berlin 1945.* wjs verlag, Berlin 2004

Brüning, Elfriede, *Zeit-Besichtigung. Feuilletons und Reportagen aus 7 Jahrzehnten.* Märkischer Verlag, Wilhelmshorst 2003

Brüning, Elfriede, *Und außerdem war es mein Leben.* Neues Leben, Berlin 2010

Chaussy, Ulrich und Christoph Püschner, *Nachbar Hitler. Führerkult und Heimatzerstörung am Obersalzberg.* Ch. Links Verlag, Berlin 2007

Dönhoff, Marion Gräfin, *Namen, die keiner mehr nennt. Ostpreußen – Menschen und Geschichte.* Diederichs

Verlag, in der Verlagsgruppe Random House GmbH, München 1991

Eichhorn, Maren, Jörn Grabowski und Konrad Vanja (Hg.), *Die Stunde Null – ÜberLeben 1945*. Staatliche Museen zu Berlin, Berlin 2005

Engert, Jürgen (Hg.), *Die wirren Jahre. Deutschland 1945–1948*. Argon Verlag, Berlin 1996

Eschen, Fritz, *Photographien. Berlin 1945–1950*. Nicolai Verlag, Berlin 1996

Ewinkel, Irene und FrauenKunst-Geschichte (Hg.), *»Überleben ist nicht genug«. Frauen im kulturellen Wieder-aufbau 1945–1960*. FrauenKunst-Geschichte, Marburg o. J.

Geiss, Axel (Hg.), *Filmstadt Babelsberg. Zur Geschichte des Studios und seiner Filme*. Nicolai Verlag, Berlin 1994

Gottwald, Alfred (Hg.), *Menschen am zerstörten Anhalter Bahnhof. Fotografien von Henry Ries aus Berlin 1948*. Museum für Verkehr und Technik, Berlin 1990

Gries, Rainer, *Die Rationen-Gesellschaft*. Verlag Westfälisches Dampfboot, Münster 1991

Grube, Frank und Gerhard Richter (Hg.), *Die Schwarzmarktzeit*. Hoffmann & Campe Verlag, Hamburg 1979

Guttenberg, Elisabeth zu, *Beim Namen gerufen. Erinnerungen*. Ullstein Buchverlage, Berlin 1990

Hamm-Brücher, Hildegard, *Freiheit ist mehr als ein Wort. Eine Lebensbilanz*. Deutscher Taschenbuch Verlag, München 1999

Haus der Geschichte der Bundesrepublik Deutschland (Hg.), *Frauenobjektiv. Fotografinnen 1940 bis 1950*. Stiftung Haus der Geschichte der Bundesrepublik Deutschland, Bonn 2001

Kleindienst, Jürgen (Hg.), *Und weiter geht es doch. Deutschland 1945–1950*. JKL Publikationen, Berlin 1999

Kleindienst, Jürgen (Hg.), *Endlich wieder tanzen gehen. Erinnerungen 1945–1952*. Zeitgut Verlag, Berlin 2008

Kleindienst, Jürgen (Hg.), *Nichts führt zurück. Flucht, Vertreibung, Integration. Zeitzeugen-Erinnerungen 1944–1955*. Zeitgut Verlag, Berlin 2008

Kossert, Andreas, *Kalte Heimat. Die Geschichte der deutschen Vertriebenen nach 1945*. Pantheon, München 2009

Kotteder, Franz und Eberhard Wolf (Hg.), *Der Krieg ist aus. Erinnern in München nach 1945*. Süddeutscher Verlag, München 2005

Krause, Markus, *Galerie Gerd Rosen. Die Avantgarde in Berlin 1945–1950*. Ars Nicolai, Berlin 1995

Kuhn, Annette (Hg.), *Frauen in der deutschen Nachkriegszeit*. Band 1. Schwann Verlag, Düsseldorf 1984

Kuhn, Annette (Hg.), *Frauen in der deutschen Nachkriegszeit*. Band 2. Schwann Verlag, Düsseldorf 1986

Kuhn, Annette, Marianne Pitzen und Marianne Hochgeschurz, *Politeia. Szenarien aus der deutschen Geschichte nach 1945 aus Frauensicht*. Frauen Museum, Bonn 2001

Loewy, Ronny (Hg.), *Unerschrocken. Auf dem Weg nach Palästina. Tereska Torres' Filmtagebuch von 1947*. Herausgegeben im Auftrag des Jüdischen Museums Berlin. DuMont Buchverlag, Köln 2004

Maron, Monika, *Pawels Briefe. Eine Familiengeschichte*. S. Fischer Verlag GmbH, Frankfurt am Main 1999

Meiners, Antonia, *Berlin 1945. Eine Chronik in Bildern*. Nicolai Verlag, Berlin 2005

Otto, Werner und Günter Rimkus (Hg.), *Deutsche Staatsoper Berlin 1945–1965*. Deutsche Staatsoper, Berlin 1965

Riess, Curt, *Berlin Berlin 1945–1953*.
B & S Siebenhaar Verlag, Berlin 2002

Ruhl, Hans-Jörg (Hg.), *Neubeginn und Restauration. Dokumente zur Vorgeschichte der Bundesrepublik Deutschland 1945–1949*. Deutscher Taschenbuch Verlag, München 1982

Ruhl, Klaus-Jörg, *Die Besatzer und die Deutschen. Amerikanische Zone 1945–1948*. Droste Verlag, Düsseldorf 1980

Ruhl, Klaus-Jörg (Hg.), *Deutschland 1945. Alltag zwischen Krieg und Frieden*. Luchterhand Literaturverlag, in der Verlagsgruppe Random House GmbH, München 1985

Ruhl, Klaus-Jörg (Hg.), *Unsere verlorenen Jahre. Frauenalltag in Kriegs- und Nachkriegszeit 1939–1949*. Luchterhand Literaturverlag, in der Verlagsgruppe Random House GmbH, München, 1985

Ruhl, Klaus-Jörg (Hg.), *Frauen in der Nachkriegszeit 1945–1963*. Deutscher Taschenbuch Verlag, München 1988

Rürup, Reinhard (Hg.), *Berlin 1945. Eine Dokumentation*. Verlag Willmuth Arenhövel, Berlin 2001

Schnädelbach, Anna, *Kriegerwitwen. Lebensbewältigung zwischen Arbeit und Familie in Westdeutschland nach 1945*. Dissertation 2007, Campus Verlag, Frankfurt/New York 2009

Schumann, Frank und Peter Kroh, *Berlin nach dem Krieg*. Verlag Das Neue Berlin, Berlin 2010

Stern, James, *Die unsichtbaren Trümmer. Eine Reise im besetzten Deutschland 1945*. Eichborn Verlag, Frankfurt am Main 2004

Zinken, Marlene (Hg.), *Der unverstellte Blick. Unsere Mütter (aus)gezeichnet durch die Zeit 1938 bis 1958. Töchter erinnern sich*. Verlag Barbara Budrich, Opladen/Farmington Hills 2007

sowie die Zeitschriften:
Arbeitsblätter für die britische Zone, 1947
Der Regenbogen. Zeitschrift für die Frau, München 1946–1948
Der Silberstreifen, 1946
Die Frau von heute. Organ des demokratischen Frauenbundes Deutschlands, Berlin 1948
Die Welt der Frau, Stuttgart 1946–1948
Emma 3/2009
Neue Heimat, 1948

Bildnachweis

Archiv für Kunst und Geschichte, Berlin: Seite 13 links, 38/39, 107 rechts
Bildarchiv Preußischer Kulturbesitz, Berlin: 13 rechts, 36, 52, 59, 72, 80, 83, 92, 95, 100, 109, 113, 116, 123, 133, 139, 146, Umschlagruckseite
Bundesarchiv, Koblenz: 23, 140
Bundesbildstelle im Presse- und Informationsamt der Bundesregierung, Berlin: 63
Deutsche Fotothek/SLUB Dresden: 86
Deutsches Historisches Museum, Berlin: 35
Erna Wagner-Hehmke, Haus der Geschichte, Bonn: 154
Interfoto, München: 8 oben, 24 unten, 27, 57, 85, 137
picture-alliance, Frankfurt am Main: 96
Süddeutsche Zeitung Photo, München: 6, 24 oben, 33, 43, 45, 47, 48, 55, 68, 71, 75, 104, 110, 115, 125, 140/141, 148
ullstein bild, Berlin: 8 unten, 18, 21, 39, 130

Alle weiteren Abbildungen stammen aus Privatbesitz oder dem Archiv des Insel Verlags.